多文化クラスの
授業デザイン

外国につながる子どものために

松尾知明

明石書店

はじめに

　これはある中学校で出会った外国人生徒の指導に定評のあるA教師が語ってくれたエピソードである（松尾 2012）。

　A教師は、中学校に着任して、「おきざり」にされている外国人生徒の状況に気づくにつれ、進路の支援に取り組まなければならないと思うようになる。

　そういった時に、ルイザ（仮名）という生徒との出会いがあった。

　2年目のある日、A教師は、ふれあい教室でしゃがみこんで泣いているルイザを見つける。日本の高校に入るために中学校に転校してきた生徒で、ブラジル人学校での成績は1番だったという。

　理由を聞いてみると、授業で発言したいのに日本語が出てこない、わかっているのに発表できない、そのことがつらいと泣いていたという。「このつらさを考えたらいくらでもがんばれるね」と彼女に声をかけ、この時、何とかしてこの子を育て上げなければならないと腹を決めたという。

　今でもそのシーンがあざやかによみがえってくるというが、この経験が自らの外国人生徒担当の教師としての原点だという。ルイザはその後、高校、大学、同中学校での教育実習を経て教員になり、後輩のロールモデルとなっている。

　では、あなたが、ルイザの授業を担当することになったとしよう。日本語能力が十分でない彼女に対してどのような指導や支援を準備できるだろうか。そのための前提として、例えば以下の問いに、どれくらいきちんと答えることができるだろうか。

　外国につながる子どもはどのような実態や現状にあるのか。
　教科の学習に関していかなるニーズや課題をもっているのか。
　どのような授業づくりをしていけばよいのか。
　学力をつけていくにはいかなる手だてや支援が必要か。
　日本語の指導はいかに進めればよいのか。

日本語能力が十分でない外国につながる子どもたちは、教育現場できちんと理解されていない場合も多い。これらの生徒たちについての実態を知ることが的確な指導や支援につながるといえる。

　例えば、あなたは日本語を流暢に話すことができれば、そうした日本語を母語としない子どもたちは、教科の授業にも十分ついていけると考えるだろうか。日本語を上手に話しているのだから教科学習の日本語も理解できるだろうという認識をもっているのであれば、あなたはその子どもを落ちこぼしてしまう可能性が高い。私たちのもつ常識的な感覚は、時として事実に反することがある。

　教科の授業に参加できない、授業がわからないという外国につながる子どもが直面する困難は、日本語能力の問題に起因していることが多い。日本語が母語でない子どもたちは1〜2年で日常会話に必要な生活言語を使いこなすようになるが、学校の授業についていけるだけの教科学習言語の習得には5〜10年の年月が必要であることがわかっている。したがって、外国につながる子どもへの日本語の支援は、初期指導だけでは十分ではなく、在籍クラスでの学習言語の習得を見据えた長期にわたる指導が必要となってくるのである。

　このように、生活言語と学習言語の違いについての知識が欠如していると、在籍クラスにおいて外国人児童生徒への適切な支援を欠いてしまうことになるだろう。教師は、自覚のないままに外国につながる児童生徒を落ちこぼし、置き去りにしてしまうのである。

　外国につながる子どもの教育は今、新たなステージを迎えたといえる。平成の初めの1989年に、出入国管理及び難民認定法（以下、入管法）が改正され、日本語指導が必要な日系南米人の児童生徒等の急激な増加をみることになった。こうした現場の課題やニーズに対応する形で、外国人児童生徒教育はこの30年間にわたり、対症療法的に政策が進められてきた。確かに、外国人児童生徒の受け入れ体制は少しずつ整備され、実践の積み重ねにより指導のノウハウも蓄積されてきた。しかし、文部科学省の調査によれば、2万人近い外国籍の児童生徒が就学していない可能性があることが報告されている。また現在でも、集住地域と散在地域による取り組みの格差は大きく、先進的な地域においても、かれらの学力やキャリアを十分に保障するまでには至っていない。

　そして、令和の時代が数か月先に迫った2018年12月に、「移民時代」の到

来を告げる入管法の大きな改正があった。今回の改正は人手不足の職種への門戸を外国人労働者に開くもので、これからいっそうの外国人人口の増加が見込まれている。日本においても今後、ヨーロッパ諸国のようなエスニック集団のゲットー化や日本人と外国人の交流のない平行社会 (parallel society) の形成が進むことが危惧される。そうならないためにも、教育の充実を図って、外国につながる子どもの学力や進路を保障し、キャリアの実現と日本社会への参画を促しながら社会統合を図っていくことがカギになってくると思われる。

外国人児童生徒教育は、学力や進路の保障をめざした新しいステージに入ったといえる。そこで求められるのは、外国につながる子どもたちすべてをいずれの学校においても適切に受け入れることのできる体制を整備するとともに、理念や理論に裏付けをもった効果的な授業づくりを実現していくことだろう。ユニバーサルデザインという考え方があるが、外国につながる子どもに有効な授業は、そのデザイン次第ですべての児童生徒にとっても有益な指導となるものである。本書では、とくに学力向上をいかに図っていくのかの視点から、これから求められる教科内容をベースにした授業づくりの考え方・進め方について検討していきたい。

本書は、12章の構成である。「はじめに」に続き、外国人児童生徒を理解するために、外国につながる子どもと教育をめぐる現状と課題 (1章)、バイリンガリズム研究にみる文化間に生きる子どもと言語の課題 (2章)、文化と言語の視点からの多様な子どもの理解 (3章)、学校での外国人児童生徒の受け入れ (4章) について検討する。

次に、第二言語学習者の教育プログラムとしてアメリカ合衆国 (以下、アメリカ) の SIOP と CALLA の ESL 教育プログラム (5章) を紹介した後、教科ベースの授業づくりの考え方・進め方 (6章)、授業づくりと学習言語 (7章)、学習方略 (8章) の支援について提案する。

その上で、教科をベースに学習言語と学習方略の支援を工夫する授業のアプローチに基づき、具体的な単元を取り上げ、算数科・数学科 (9章)、国語科 (10章)、社会科 (11章)、理科 (12章) の授業をどのようにデザインするのかについて考える。

「おわりに」では、バリアフリーからユニバーサルデザインへの展開を通して、これからの外国人児童生徒と教育のあり方について展望する。

本書では、外国につながる子どもたちを受け入れるための課題を把握するとともに、とくにかれらの在籍する多文化クラスにおいて、教科の授業をいかにデザインしていけばよいのかについて検討したい。外国人児童生徒をめぐる教育が新しいステージを迎えるなかで、かれらの指導や支援を担っている教師の皆様、これから教職をめざす学生の皆さん、この課題に関心をもつ方々に本書を手に取っていただければ幸いである。また、拙著『多文化共生のためのテキストブック』や『「移民時代」の多文化共生論』と同様に、異文化間教育、国際理解教育、外国人児童生徒教育、多文化教育、多文化共生論などのテキストとしてもご活用いただければと思う。多文化の共生する日本社会をめざして、外国につながる子どもに確かな学力を保障していくためにも、本書が多文化クラスでの授業づくりを構想する際の一つの指針となることを期待したい。

　最後に、明石書店には、本書の刊行を快く引き受けていただいた。また、明石書店編集部の神野斉部長、編集者の長尾勇仁さんには、出版に至るまで丁寧な編集作業をしていただき、たいへんお世話になった。心からお礼を申し上げたい。

引用文献

松尾知明「文化的多様性の実践と教師の力量形成 —— 外国人集住地域における中学校教師の実践」異文化間教育学会編『異文化間教育』第35号、2012年、50-65頁。

多文化クラスの授業デザイン ── 外国につながる子どものために

目　次

第1章

外国につながる子どもと教育
——現状と課題

≪ポイント≫

外国人児童生徒教育は、1989年の入管法改正以降、現場の問題やニーズに対応する形で対症療法的に政策が進められてきたが、2018年の入管法改正により本格的な多文化教育の実現に向けた新しいステージを迎えている。

≪キーワード≫

出入国管理及び難民認定法、外国人児童生徒教育、日本語指導、不就学

　1989年の出入国管理及び難民認定法（以下、入管法）の改正以降、南米日系人の流入等により日本社会の多文化化は大きく進み、外国につながる子どもたちが学校に在籍するようになった。その数は増加傾向で推移しているが、2018年の入管法改正に伴い、今後もいっそうの増加が見込まれている。一方で、外国につながる子どもの教育をめぐっては、日本語指導、学力保障、母語の指導など直面する課題も多い。

　本章では、外国につながる子どもたちの動向、外国人児童生徒教育の状況、直面する課題などについて検討したい。

1. 外国につながる子どもたち

（1）公立学校に在籍する外国人児童生徒の現状

　日本の公立学校には、どのくらいの外国につながる子どもたちが在籍しているのだろうか。その現状や動向について検討していこう。

演習 1　日本語指導の必要な外国人児童生徒

　外国人児童生徒の受け入れは、どのような状況にあるのでしょうか。文部科学省では 1991 年より日本語指導の必要な外国人児童生徒についての調査を実施しています。日本語指導の必要な外国人児童生徒の受け入れ状況の動向と現状について、図 1-1 と図 1-2 から読み取り、気づいた事柄を箇条書きにしてみましょう。

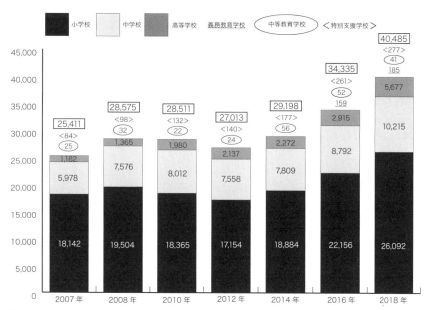

図 1-1　日本語指導が必要な外国籍の児童生徒数
出典：文部科学省 2019、2頁。

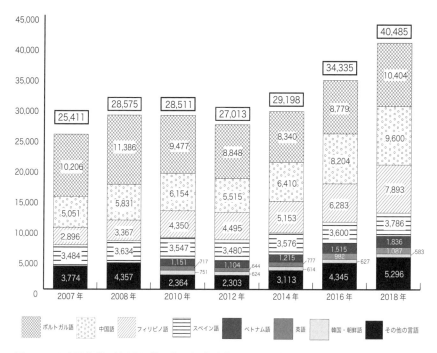

図1-2　日本語指導が必要な外国籍の児童生徒の母語別在籍状況
出典：文部科学省 2019、2頁。

　文部科学省（2019）によれば、公立学校に在籍している外国籍の児童生徒数は、2018 年 5 月 1 日現在で 93,113 人である。その内、日本語で日常会話が十分にできなかったり、学年相当の学習言語が不足していたりと、日本語指導を必要としている外国人児童生徒は 40,485 人となっている。

　日本語指導が必要な外国籍の児童生徒について、母語別の割合でみると、ポルトガル語（25.7%）、中国語（23.7%）、フィリピノ語（19.5%）、スペイン語（9.4%）、ベトナム語（4.5%）の順番で、この 5 言語で全体のおよそ 8 割を占めている。

　これらの外国につながる子どもは、全国のおよそ 2 割にあたる学校に在籍している。それらの学校における在籍状況をみてみると 5 人以上 10 人未満が 1,099 校、10 人以上 50 人未満が 1,201 校、50 人から 100 人未満が 101 校、100 人以上が 14 校となっている。このように、外国につながる子どもが 100 人を超えていて、在籍児童生徒数全体の半分以上を占めるような学校も存在するよ

うになっている。その一方で、在籍人数別にみる「5人未満」の市町村が日本全体の41.9 %を占めており、これらの児童生徒は、全国に広く散在している状況にある。

　また、日本語指導が必要な日本国籍の児童生徒数も増加の一途をたどっており、その数は2018年5月1日現在で10,274人となっている。これらの児童生徒には、海外からの帰国児童生徒に加え、日本国籍を含む重国籍の子どもや、保護者の国際結婚により家庭内言語が日本語以外の場合などの外国につながる子どもが含まれている。

(2) 増加してきた外国人児童生徒

　外国につながる子どもたちの変遷をみてみると、戦前に日本に定住した中国人や朝鮮人の子孫であるオールドカマーに加え、1970年代になると、ニューカマーの新たな流入が始まった。1972年に日本と中国との国交が正常化されたことを契機に、中国残留孤児の帰国が始まり、その2世や3世が学校に就学するようになった。またボートピープル（ベトナム戦争終結後に体制移行や内戦のため国外に小船で脱出した人々）の渡日があり、インドシナ難民の子どもたちが日本の学校に在籍するようになった。ただ、これらの日本語指導を必要とする児童生徒の数は少数にとどまっていたため、問題は限定的なものだった。

　しかし、1989年の入管法改正を契機に、状況は大きく変化することになる。労働不足を補う同法改正により、日本から移民した日系の3世までを対象に、就労が可能である定住者の在留資格がつくられることになった。そのため南米日系人の流入が進むことになり、日本につながるブラジル人やペルー人などの子どもたちの就学が急増することになったのである。

　外国人児童生徒数はその後、リーマンショックや東日本大震災で一時減少したものの、2013年からは増加に転じている。近年の特徴としては、外国につながる子どもたちの多様化が進んでいることが挙げられる。中国人には継続した増加傾向がみられ、ベトナム人、フィリピン人、ネパール人などの伸びが大きくなっているのである。

2. 外国につながる子どもの直面する課題

（1）不就学の問題

　では、外国につながる子どもにはどのような課題があるのだろうか。教育を受ける権利は十分に保障されているのだろうか。

演習2　不就学の問題と対策

　2019年の文部科学省の調査で、2万人近い外国籍の児童生徒が不就学の状況にある可能性があることが報告されました。外国人の滞在の長期化や定住化が進むなかで、これらの子どもたちの多くは将来にわたって日本に在住するものと考えられます。

　では、学齢期の子どもたちが不就学であるということは、何が問題なのでしょうか。教育を受けることはどうして重要なのでしょうか。また、これらの子どもたちに対して、どのような対策が必要なのでしょうか。自分の意見をまとめ、グループやクラスで話し合ってみましょう。

　2019年に文部科学省が初めて実施した「外国人の子供の就学状況等に関する全国調査」では、2万人近い外国籍の児童生徒が就学していない可能性があることが報告された。外国人の定住化が進んでいるなかで、日本社会でこれから生きていくにもかかわらず、十分な基礎教育を受けていない子どもが相当の数に上るという事実は深刻に受け止める必要がある。

　不就学の対策には、岐阜県可児市や静岡県浜松市のように、地方自治体によっては不就学ゼロをめざして、外国人の子どもの就学促進に向けた積極的な施策を実施しているところもある。一方で、不就学をなくすための取り組みがほとんど進んでいないところも多く、地方自治体による格差が大きい状況にある。

　不就学の背景の1つには、日本の法律において、教育を受ける権利が「国民」と規定されていることが挙げられる。外国人の子どもは「経済的、社会的及び文化的権利に関する国際規約」と「児童の権利に関する条約」などを根拠に、希望があれば学校に受け入れることになっている。しかし、外国籍の子どもたちの就学を義務として教育権を保障するものではない。そのため外国人児童生

徒の学校への受け入れは「恩恵」とみなされる傾向にあり、日本社会に生きる児童生徒すべての教育機会を確実に保障する体制とはなっていない状況にある。

(2) 学力向上、進路保障、母語指導の課題

　日本の学校では外国人の子どもの言語や文化のニーズに十分に応えられているとはいえず、学力や進路の問題はいまだに深刻である。

　文部科学省（2019）をもとにみていくと、日本語指導が必要な児童生徒のうち、日本語指導などの特別な指導を受けている割合は、外国籍で79.3％、日本国籍で74.4％となっている。別の言い方をすれば、現状でも外国籍で5人に1人が、日本国籍では4人に1人の子どもたちが、必要とされる日本語指導を受ける機会が整備されていない状況にあるといえる。

　外国につながる生徒の高校への進学については、その数は増加してきたものの、日本語指導が必要な高校生のうち約52％が定時制高校に在籍している（2016年度）。また、日本語指導が必要な高校生の中途退学率は9.6％となっており、高校生全体の1.3％に比べるときわだって高い。高い中退率の原因には、高校での授業についていくことができず支援も十分でないため、やめてしまうケースも多いことが推察される。

　日本語指導が必要な高校生の進路状況については、大学や専修学校などへの進学率は42.2％（全高校生71.1％）、就職者における非正規就職率は40.4％（全高校生4.3％）、進学も就職もしていない者は18.2％（全高校生6.7％）となっている。大学進学や就職についても、高校生一般に比べると大きな格差があり、日本語能力や学力が不足していることが外国につながる生徒のきびしい現実を生んでいることが推測される。

　なお、外国につながる子どもにとって母語や母文化は、ものの見方や考え方の基礎であり、アイデンティティの基盤となるものであるが、これらを学ぶ教育体制はほとんど整備されていない。母語や母文化についての教育については、集住地域のほんの一部で取り組まれている程度にとどまっている。そのため、外国につながる子どもによっては、母語の習得が十分に進んでおらず、親子のコミュニケーションが十分にとれないなどの深刻な問題に直面している子どももいる。

3. 外国人生徒教育のこれまでの取り組みと今後の課題

（1）外国人児童生徒教育をめぐる政策の展開

　では、外国につながる子どもたちの教育について、どのような取り組みを進めていけばよいのだろうか。

演習3　外国人児童生徒教育を改善する企画

> 　あなたは外国人児童生徒教育有識者会議の委員に選出されたとします。次の有識者会議において、増加傾向にある外国につながる子どもたちの教育を改善するための意見を求められています。これまでの取り組みのリストを参考に、これからどのような施策が必要なのかを考え、以下のフォーマットに従い具体的な企画を提案してみましょう。
>
> ---
>
> 【企画書】
> 1. キャッチフレーズ　（取り組みが一言でわかるような言葉）
> 2. 趣旨・目的
> 3. 実施内容・方法（できるだけ具体的に書く）
> 　　だれが、いつ、どこで、だれに対して、何を、どうするのか、取り組みがうまくいっているかをどう評価するか、期待される効果 は何かなど

　これまでの歴史的な展開を概観すると、増加する外国人児童生徒に対応するために、受け入れ体制が整備されてきた。国レベルで進められた主な事業や政策には、例えば次のようなものがある。

- 日本語指導教材（「にほんごをまなぼう」「日本語を学ぼう2、3」）の開発
- JSL カリキュラム（小学校編）の開発（2003）
- 外国人児童生徒のための就学ガイドブックの作成（2005）
- JSL カリキュラム（中学校編）の開発（2007）
- 虹の架け橋教室事業（2009）
- 外国人児童生徒受入れの手引きの作成・改訂（2011・2019）
- 情報検索サイト「かすたねっと」の開設（2011）

- 外国人児童生徒のための JSL 対話型アセスメント DLA の開発（2014）
- 「特別の教育課程」の編成・実施の制度化（2014〜）
- 外国人児童生徒教育研修マニュアルの作成（2014）
- 日本語指導のための教師の基礎定数化（2018）
- 日本語指導アドバイザーを教育委員会等に派遣（2019〜）
- 外国人児童生徒等教育を担う教師等の養成・研修に資するモデルプログラムの開発（2020）

　日本語指導を必要とする児童生徒の教育についてはこれまで、日本語指導のための教材、受け入れのガイドブックや手引き等の発行、情報検索サイト「かすたねっと」の開設、日本語指導教室の設置や日本語指導教員の加配、バイリンガル支援員の配置や巡回指導、学校への準備を促すプレクラスの実施など、受け入れ体制が整えられてきた。

　また、日本語指導学級での初期指導から在籍クラスでの教科指導への移行を促すことを目的に、教科内容を基礎に日本語指導の授業づくりを支援する JSL（Japanese as Second Language）カリキュラムの小学校編が 2003 年、中学校編が 2007 年に刊行されている。

　近年の主な政策としては、例えば以下のようなものがある。

- 2014 年に外国につながる子どもたちの日本語能力を測定し指導に生かすことを目的に、「外国人児童生徒のための JSL 対話型アセスメント DLA」が開発された。
- 2014 年に全国で一定の質が担保された日本語指導を受けることができるよう、日本語指導を教育課程に位置づけ、「特別の教育課程」の編成を可能にする制度が整備された。
- 2018 年に日本語指導のための教員の基礎定数化が図られ、日本語指導教員の確実な配置に向けて改善が行われた。
- 2019 年に外国人児童生徒教育の推進のために、専門家を日本語指導アドバイザーとして教育委員会等に派遣する制度が設けられることになった。
- 2020 年に指導力向上をめざして、日本語教育学会に委託し「外国人児童生徒等教育を担う教師等の養成・研修に資するモデルプログラム」が開発された。

(2) 外国人児童生徒教育をめぐる今後の課題

　平成の初め（1989年）に入管法が改正され、平成の終わり（2018年）に入管法がまた大きく改正された。入管法が改正された今、外国人児童生徒教育は、新しいステージを迎えたと考える必要がある。

　外国人児童生徒教育は、1989年の入管法改正以降のこの30年間、現場の問題やニーズに対応する形で、対症療法的に政策が進められてきた。これまでを第1ステージとして捉えることにする。

　2018年の入管法改正、そして令和の時代の始まりは、それに続く外国につながる子どもたちの教育の第2ステージとして位置づけることを提案したい。今回の入管法改正は人手不足の職種にまで外国人労働者を受け入れる大きな改正で、今後いっそうの外国人の増加が予想される。「移民時代」の到来を告げるものである。

　日本社会のさらなる多文化化の進展が予想されるなかで、外国人の受け入れをめぐる課題は、これからの日本社会のあり方を決定するきわめて重要な選択となったといえる。外国人の社会的な包摂が大きな課題となり、ヨーロッパのようなエスニック集団のゲットー化や平行社会の形成をいかにして阻んでいくかが最重要課題の1つであると思われる。

　第2ステージにおいては、外国につながる子どもたちとともに生きていくための教育改革が求められる。対症療法的ではなく、理論や理念に裏付けられた日本版の多文化教育の構築が必要とされているといえるだろう（松尾2013）。多文化教育とは何か、その国際的な動向はどのようになっているのか、日本において多文化教育をいかに整備していけばよいのかなどの検討が急がれる。

　日本において多文化教育を推進していくにあたって、第2ステージには、例えば以下のような課題が残されている。

- 多様性に価値を置く教育をどのように考えるのか、日本社会で生きていく外国人を含めた多様な児童生徒のニーズにいかに応えていくのかなど、多文化共生と教育に関する教育指針を立案するとともに、その実現をめざしたグランドデザインを構想する。

- エビデンスに基づく制度設計（①教育の指針をつくる→②目標を立てる→③目標を達成するための手順や手だてを決める→④何をデータとするかを決める→⑤数値目標を設定し、データをとり Plan-Do-Check-Action［PDCA］のサイクルを回す）などの基本的枠組みを構築する。
- すべての子どもの学習権を保障していくことが重要である。何らかの義務を外国の子どもの保護者に対しても課すなど、法律や制度レベルでの検討を進めていく必要がある。
- こうした議論と並行して、当面は不就学の子どもをなくす施策を進めていくことが急務である。電話や訪問による個別確認を含め、就学状況を的確に把握するとともに、就学の案内や勧奨など就学促進のための取り組みを推進していくことが求められる。
- 外国につながる子どもの指導体制をさらに充実させていく必要がある。とくに、学力向上や進路保障を含めた取り組みが求められる。そのためには、小中学校の JSL カリキュラムの改訂、高校レベルの JSL カリキュラムの開発、受け入れ体制の整備のさらなる充実、ライフサイクルに対応した生涯にわたる日本語指導体制の整備などを進めていくことが期待されるだろう。また、キャリア教育や相談支援などの充実が求められる。さらに、母語・母文化を学べる教育の体制をつくる必要があるだろう。その他、こうした取り組みを支える教師の養成や研修の充実が必要である。
- 外国人学校の位置づけや財政的支援、公立学校との交流など、言語や文化を学ぶための場としての外国人学校といった観点からの取り組みが必要であるだろう。

まとめ

　外国につながる子どもと教育の現状と課題について検討してきた。本章の議論をまとめると、以下のようになる。

- 1989 年入管法の改正以降、南米日系人の流入等により日本社会の多文化化は大きく進み、外国につながる子どもたちが学校に在籍するようになった。
- 外国につながる子どもたちをめぐっては、不就学の子どもが相当数存在しており、高校や大学の入試に合格するだけの日本語能力や学力をつけられておらず、これらの子どもたちに対する取り組みの学校や地域による格差

も大きいなどの課題が残されている。

• 外国人労働者の本格的な受け入れへと舵が切られ、外国人の在留期間の長期化や定住化が進んでいるなかで、外国人児童生徒教育は多文化教育への再構築を図る新たなステージを迎えたといえる。

入管法の改正に伴い、本格的な多文化社会を見据えた新たなステージにあって、外国につながる子どものニーズに応える教育をいかに充実させていくのかが大きな課題となっているのである。

コラム　移民の子どもの学力

1．PISA2003 調査にみる移民の子どもの学力

　PISA（Programme for International Student Assessment）は、義務教育終了段階の 15 歳児を対象に、成人の生活で必要な知識や技能を測定しようという国際学力比較調査である。2000 年の第 1 回から 3 年ごとに実施されているが、2003 年の PISA 調査をもとに、移民の子どもの学力を移民の受け入れ国のネイティヴの子どもと比較分析した研究がある（OECD 2007）。数学リテラシーと読解リテラシーについて、移民した 1 世と 2 世の子どもの得点をネイティヴの子どもと比較した結果は表 1-1 の通りである。

表1-1　移民の子どもとネイティヴの子どもの得点差（OECD平均）

	ネイティヴ		移民2世		移民1世	
	平均点	標準偏差	平均点	標準偏差	平均点	標準偏差
数学リテラシー	523	0.7	483	2.1	475	1.9
読解リテラシー	514	0.8	475	2.1	456	2.1

出典：OECD 2007, 203頁をもとに作成。

　OECD 平均をみてみると、数学リテラシーについては、ネイティヴが 523 点、移民 2 世が 483 点、移民 1 世が 475 年、読解リテラシーについては、ネイティヴが

514 点、移民 2 世が 475 点、移民 1 世が 456 点と、ネイティヴと移民の子どもたちの得点の間には大きな格差がみられている。この研究では、以下のように結論づけられている。

- ネイティヴ・移民 2 世・移民 1 世の子どもの得点がほぼ同レベルの国も数カ国あるが、ほとんどの国では、移民の子どもの得点とネイティヴの子どもの得点との間には有意な差がある。
- 移民 1 世と移民 2 世の子どもは、多くの国においてもっとも低い習熟度レベルにある。このことは、これらの子どもが実際の生活場面で積極的に生かせるだけの数学リテラシーや読解リテラシーをもっていないことを意味する。
- 移民の子どもの得点の低さは多くの場合、家庭で学校の教授言語を用いていないことと有意な相関がある。

ここで注目したいのは、この分析において、移民の子どもの PISA 調査の得点は一般にネイティヴの子どもと比べて低いという傾向が明らかにされた一方で、その差は国によって大きな違いがあることが示されたことである。とくに、移民の子どもであるかどうかによる得点の差がほとんど認められない国も存在するという事実がある。このことは、適切な対策がとられれば、移民の子どもとネイティヴの子どもの間の学力格差を克服することも可能であることを示唆している。

2. 移民の統合を支える教育政策

では、移民の子どもたちの学力問題を解決し、社会への統合を促す教育政策には、どのようなものがあるのだろうか。OECD（2017）では、PISA 調査の結果や先行研究に基づき、有効性が認められている教育政策についての検討を行っている。①効果の高い当面の取り組み、②時間がかかるが効果の高い中期的な取り組み、③それらの統合政策をさらに強化する取り組みの 3 つの側面について以下のように示している（OECD 2017、116-117 頁）。

当面の政策対応
- 継続的な言語支援を可能な限り早く、通常クラス内で実施する。
- 子どもに質の高い就学前教育を受けさせるよう、移民の親に促す。

- すべての学校において、移民の子どもの受け入れ体制を整える。

効果の高い中期的対応
- 不利な状況にある学校に、移民の子どもを集中させないようにする。
- 能力別編成や早期のトラッキング、留年を避ける。
- 移民の親に特別な支援・指導をおこなう。

統合政策の強化に向けた試み
- イノベーションと実験的試みを支援し、結果を評価して、有効な事案に的を絞って財政支援をおこなう。
- 文化的多様性の価値を示す。
- 取り組みの進展状況をモニタリングする。

　OECD のレビューによれば、移民背景をもつ子どもともたない子どもの得点差が大きい国では計画的な支援が十分になされていない傾向にあり、得点差が比較的少ない国では、初等・中等学校における言語政策が長期にわたって継続的になされていたという（OECD 2017、117 頁）。日本においても、外国につながる子どもたちの学力問題を克服していくためには、日本語の初期指導にとどまらない長期的、継続的な言語支援のための授業づくりが求められているといえるだろう。

参考・引用文献

経済協力開発機構（OECD）編（斎藤里美監訳）『移民の子どもと学力 —— 社会的背景が学習にどんな影響を与えるのか』明石書店、2007年。
経済協力開発機構（OECD）編（布川あゆみ他監訳）『移民の子どもと学校 —— 統合を支える教育政策』明石書店、2017年。
小島祥美『外国人の就学と不就学 —— 社会で「見えない」子どもたち』大阪大学出版会、2016年。
佐藤郡衛『多文化社会に生きる子どもの教育 —— 外国人の子ども、海外で学ぶ子どもの現状と課題』明石書店、2019年。
松尾知明編著『多文化教育をデザインする —— 移民時代のモデル構築』勁草書房、2013年。
文部科学省「外国人の子どもの就学状況等調査」令和元（2019）年5月。

文部科学省「「日本語指導が必要な児童生徒の受入状況等に関する調査（平成 30 年度）」の結果について」令和元（2019）年 9 月。

第2章

文化間に生きる子どもと言語
——バイリンガリズム研究から

《ポイント》

外国につながる子どもたちには、バイリンガリズム研究の知見を踏まえた、第二言語習得を促す言語教育の構築が求められている。

《キーワード》

バイリンガリズム、バイリンガル教育、教科学習言語、母語、JSL 教育

　外国につながる子どもたちを理解する上で、バイリンガリズムについての知識をもっておくことは重要である。母語である第一言語と日本社会で必要な第二言語としての日本語はどのような関係にあるのだろうか。外国人児童生徒の指導にあたっては、日本語の習得に関して何を知っておく必要があるのだろうか。

　本章では、外国人児童生徒の教育を考えていく際に必要とされる文化間に生きる子どもの言語習得と教育に関する研究の知見について検討したい。

1. 文化間に生きる子どもとバイリンガリズム

(1) 2つの言葉を学ぶには

　あなたには、小学2年生のひかりという子どもがいるとする。仕事の都合で、ドイツに住むことになったとしよう。同伴したひかりも、デュッセルドルフで生活し、現地の学校に通うことになった。ひかりは家庭では日本語で話をすることができるが、街や学校ではドイツ語を使わなければならない。そのため、第一言語である日本語と第二言語であるドイツ語をともに学んでいく必要に迫られている。これらの2つの言語の習得には、どのような関係があるのだろうか。バイリンガルに育てるには、どのような支援が必要なのだろうか。

演習1　バイリンガリズムの4原則を説明しよう

　第一言語と第二言語の習得やそれらの関係について、バイリンガリズムの研究ではどのようなことがわかっているのでしょうか。バイリンガリズムの4原則について以下の (2) を読んで、それぞれについて、ペアになった相手に自分の言葉で具体的に説明してみましょう。
　　原則1　相乗効果を生む加算的バイリンガリズム
　　原則2　2言語相互依存
　　原則3　会話力・教科学習言語能力
　　原則4　対人コミュニケーション活動充足の原則

---

(2) バイリンガリズムの4原則

　ひかりのように、文化間を移動する子どもたちは、言語習得の問題に直面することになる。ここでは、中島 (2010、28-33頁) をもとに、トロント大学のJ.Cummins によるバイリンガリズムの4原則について整理しておきたい。

① 相乗効果を生む加算的バイリンガリズム　(原則1)

　原則の1つ目は、加算的なバイリンガリズムは相乗効果を生むということである。W. E. Lambert によれば、母語が社会の主要言語である場合にはプラス面が多い加算的バイリンガルに育ちやすく、母語が社会の主要言語でない場合には母語の喪失などに直面する減算的バイリンガルになる可能性が高いという。

日本でいえば、英語は日本語に次ぐ主要言語で社会的な価値が高くみられる一方で、その他の言語は、英語に比べるとそれほどの価値は置かれていないといえるだろう。母語であるマイノリティ言語の保持が課題となる。

　Cumminsによれば、加算的バイリンガリズムの相乗効果には、次のようなものがあるという。2つの言語が高度に発達したバイリンガルは、1）認知力（ＩＱを含む）、母語の読解力、思考の柔軟性、言語分析力にすぐれている、2）言語に関する知識が増え、言葉の学び方にも習熟するので、第三、第四言語の習得が早まる、3）話し相手の言語の力に敏感になり、言葉で人を判断したり差別したりしなくなる、4）複数の言語や文化を知ることで、自分自身の言語・文化の理解、想像力・創造力にプラスになる。その一方で、第一言語が社会の主要言語ではない場合においても、このようなバイリンガリズムの相乗効果を生み出せるかが課題となっている。

② 2言語相互依存（原則2）

　原則の2つ目は、第一言語と第二言語の2つの言語は相互に依存し合っているということである。外国につながる児童生徒の場合は一般に、第一言語が母語で、第二言語が日本語ということになる。

　一見、第一言語と第二言語は独立していて全く関係がないようにみえる。しかし、1つの言語で学習した教科学習の知識や技能は、もう1つの言語の学習にも役立つことがわかっている。Cumminsは、このことを、図2-1にあるような氷山に例えて説明している。表層面をみると、2つの言語は独立していて関わりがないようにみえる。しかし、表面的には見えない海面下の深層では2つの言語は共有された1つのかたまりとして影響し合っているのである。

　このような2つの言語の関係において、とくに概念面、認知面の転移についての理解が重要である。例えば、1つの言語で時間の概念を学習していたとしよう。その時間についての理解はもう1つの言語にも転移することになる。したがって、すでに母語である概念を学習していれば、第二言語で改めてその概念を学ぶ必要はなく、表層面で新しいラベルを貼りかえるだけですむ。このように、2つの言語は深層面で共有される側面があるため、両者には相互依存的な関係が存在しているのである。

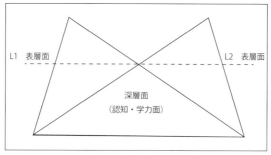

図2-1　氷山に例えた言語の表層面と深層面
出典：中島 2010、31頁をもとに作成。

③ 会話力・教科学習言語能力（原則3）

　原則の3つ目は、会話力と学習言語能力では習得にかかる時間が大きく異なるということである。日常会話と学校での学習場面で使用される日本語の違いを考えてみよう。図2-2のように、縦軸に認知的必要度（課題の困難さ）、横軸に場面依存度（言語が使用される文脈）をとると、Ⅰ、Ⅱ、Ⅲ、Ⅳの4つの領域ができるが、習得にかかる時間がそれぞれで異なるという。

　ここでは、領域Ⅰと領域Ⅳを比べてみたい。領域Ⅰは、日常会話をイメージしてほしい。自分自身の日常生活という身近な状況における言語活動なので場面依存度は高い。また、そこで話される内容は既知の事柄についてのことが多いため認知的必要度は低いということになる。したがって、文脈的な手がかりが豊富でよく知っている話題が中心となるので、Ⅰ〜Ⅳのなかでは習得する言語の困難度は最も低くなる。

　一方、領域Ⅳは、教室で使われる言葉をイメージしてほしい。教科等の学習場面での言語活動であるので、未知の領域が多く、毎日の生活状況からも遠いため場面依存度は低い。また、そこで使用される言語は教科特有の語彙や専門用語、言い回しを含み、分析、総合、評価などの高次の思考を伴うものであるため認知的必要度は高いということになる。したがって、授業場面での教科学習言語は、文脈的な手がかりが少なく、新しい情報や未知の内容などを処理する高い認知力が求められるため、Ⅰ〜Ⅳのなかでは習得する言語の困難度は最も高い。

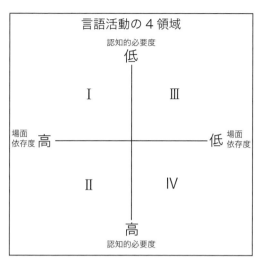

図2-2　言語活動の4領域
出典：中島 2010、32頁。

　これまでの研究によれば、領域Ⅰの会話力は1〜2年と比較的早く習得される一方で、領域Ⅳの教科学習言語能力の習得には5〜10年かかることが明らかにされている。教科学習言語能力は、文脈的な手がかりの点でも、認知的な難しさの点でも、日常での会話力よりもはるかに困難であるため、教科学習言語能力の習得にはずっと長期の時間がかかるのである。

④ 対人コミュニケーション活動充足（原則4）

　原則の4つ目は、言語の発達には、十分な人とのコミュニケーションを行うことが不可欠であるということである。とくに2〜8歳の間は、人とのやりとりを通して言葉を習得していく時期であるので、十分な対人コミュニケーションの機会を保障していくことが重要になってくる。2つの言語の習得にあたっては、1つの言語の使用量が多いと、もう1つの言語の力が衰えるため、バランスのとれたコミュニケーションの環境が必要になってくるのである。

　バイリンガリズムの研究で明らかにされている知見は、外国につながる子どもたちへの言語支援を理解する上でもきわめて重要である。これらの児童生徒はまず、原則1に示すように、認知や言語の能力が高い高度なバイリンガルに

なる可能性をもっていることを心にとめておきたい。一方で、第二言語の習得はそれほど簡単なことではなく、原則2～4を踏まえて、日本語や母語、教科学習の指導や支援をしていくことが必要なのである。外国につながる子どもの支援にあたっては、高度なバイリンガル人材に育成することをめざして、研究成果をベースにした教育実践が望まれる。

2. バイリンガリズムと教育

(1) バイリンガルに育てるには

　では、外国につながる子どもたちを高度なバイリンガルに育てていくためには、どのような支援が求められるのだろうか。

演習2　子どもをバイリンガルにするために

　あなたはバイリンガル教育の専門家です。日本で生まれた子どもをバイリンガルに育てようと思っている親に、アドバイスをすることになっています。(2)「母語の役割」とコラム「バイリンガル教育プログラム」(36-38頁)を読み、家族の具体的な背景については自由に設定して、バイリンガル(英語と日本語)に育てるためのプランを考えてみましょう。

- 事例1. アリス　　アメリカ人の父親と日本人の母親
- 事例2. まこと　　日本人の父親とアメリカ人の母親
- 事例3. マリ　　　日本人の父親と日本人の母親

　担当する事例について専門家チーム(グループ)で話し合い、これから望まれる育て方、学校選択、人間関係、期待される経験や経歴、仕事など、以下のフォーマットに従って提案してください。また、提案内容についてクラス全体で話し合ってみましょう。

【バイリンガル(英語と日本語)に育てるためのプラン】

1. 家庭での両親の関わり方
2. 幼稚園・保育所や学校(小・中・高)の選択
3. 学校外での活動、同年代や大人との人間関係
4. 期待されるキャリア、そのキャリアまでの大まかな経験や経歴

(2) 母語の役割

　2つの言語を学ぶ子どもたちにとって、母語は言語習得のベースとして大きな役割を果たすことが考えられる。母語の役割の重要性について、Cummins (2011) はこれまでの研究を踏まえ以下の5点に整理している。

① バイリンガリズムは言語の発達にも教育上の発達にもプラスの影響がある。

　バイリンガルに育つ子どもは、言語についてより深い理解ができ、より効果的に使うことができるようになる。また、2つの言語で情報処理をするため、思考の柔軟性にすぐれていることがわかっている。

② 母語の熟達度で第二言語の伸びが予測できる。

　2つの言語は相互依存的であり、双方向で転移が起こるため、母語をしっかりと習得して小学校に入学した児童は、学校での第二言語のリテラシーもしっかりと育てることができる。

③ 学校のなかでの母語伸長は、母語の力だけでなく学校（で使用される）言語（school language）の力も伸ばす。

　学校に母語を効果的に教える環境があると、2つの言語が互いに影響し合って、バイリンガル児童生徒の学校の成績の向上にも好ましい影響を及ぼす。

④ 学校でのマイノリティ言語の学習は、学力向上にマイナスにならない。

　バイリンガルプログラムが効果的に実施されると、母語能力の向上と母語による教科学習により、第二言語で学習するときに必要となる概念や知的スキルも同時に学ぶことになり、マイナスに作用することはない。

⑤ 子どもの母語はもろく、就学初期に失われやすい。

　子どもは就学初期に第二言語の会話力を早いペースでつけていく一方で、適切な母語を使う環境がない場合には母語の力が急速に失われてしまう。先行研究から、そうした環境では就学後2～3年で母語でコミュニケーションする力を失うことがわかっている。親子の言語ギャップを生じさせないためにも、家庭や地域で母語を使う機会を増やす努力が必要である。

高度なバイリンガルを育てるには、母語を十分に学び、しっかりとした基盤を培った上で第二言語を学んでいくことが大切である。2つの言語が相互に関連し合っていることを踏まえ、可能であれば、学校教育においても効果的なバイリンガル教育プログラムを提供することが期待されるだろう。

3. 教科ベースの授業づくりへ向けて

（1）バイリンガル教育と JSL 教育

　日本の学校において、日本語能力が十分でない児童生徒は、教科について学習するとともに、日本語についても学ぶ必要がある。このような第二言語学習者の支援については、教授言語として第一言語である母語を活用するバイリンガル教育や第二言語をもとに進める JSL（Japanese as Second Language）教育といったアプローチがある。

　バイリンガル教育の方が教育効果が高いといった研究もあるが、いつでもバイリンガル教育が実施できるとは限らない。第二言語学習者の数が少なかったり、複数の異なる言語的背景をもつ子どもがいたり、子どもの母語をネイティヴレベルで使うことのできる教師がいなかったりする場合には、バイリンガル教育を実施することは困難になる。

　日本においては、①散在地域がほとんどで1つの学校当たりの児童生徒が少ない場合が多い、②ポルトガル語、中国語、フィリピノ語、スペイン語、ベトナム語など、子どもたちの母語が多様である、③それらの言語に習熟した教師が少ないなどの状況がある。したがって、共通した母語をもつ子どもが多い集住地域の学校においてバイリンガル教育の可能性を模索しつつも、日本全体としては、日本語をもとに指導や支援を行う JSL 教育を進めていくことが現実的であるだろう。他方で、1章で述べたように現在の JSL 教育については、とくに学力保障の面で課題が残されている。

演習 3　これからの JSL 教育プログラム

> あなたは、多文化共生を実現する新しい学校をつくるプロジェクトチームのメンバーになりました。新しい学校では、外国につながる子どもたちを受け入れるために、JSL 教育プログラムを考えることになりました。
>
> 本章で検討してきたバイリンガリズムに関する研究や (2) の①と②の記述などをもとに、どのような JSL 教育プログラムを構想するのか、学校の基本的な方針と教育プログラムについて、できるだけ具体的に考えてみましょう。また、チームで話し合い、クラスで発表して、全体で話し合ってみましょう。
>
> <u>学校名：○○○○</u>
>
> 1.　基本的な方針
> 2.　JSL 教育プログラム
> 　（だれが、だれに対して、いつ、どこで、どのように実施するのか）

(2) 教科ベースの JSL 教育のアプローチ

　ここでは、これまでの議論を踏まえ、これから求められる教科ベースの JSL 教育のアプローチについて検討したい。

① 短期から長期の支援への転換

　まず、日本語学習者の指導を計画するにあたっては、短期から長期の支援へと転換することが必要である。

　学習言語について検討したように、日本語がある程度話せるようになると学習面でも問題がないようにみえるが、現実には授業を理解するだけの日本語力はまだ身についていない場合が多い。応用言語学では、長期間にわたって支援が得られない場合、学習言語の能力や概念的知識が未熟な状態でとどまってしまうといった早すぎる化石化 (premature fossilization) と呼ばれる現象が起こることが指摘されている。

　これまでの日本における外国人児童生徒教育の多くは、短期的な支援がほとんどであるため、早すぎる化石化といった状況を少なからず生んでいたといえる。上述のような研究成果を踏まえ、日本においても、第二言語としての日本語を学習する児童生徒には長期にわたる学習支援をデザインしていくことが不可欠であるといえる。

② 治療的アプローチから加速的アプローチへ

　日本語学習者の指導にあたってはまた、治療的アプローチから加速的アプローチに転換することが必要である。

　言語的マイノリティへの教育実践はこれまで、治療的アプローチに終始していたといえるだろう。例えば、日本語の力が不足しているため、学年相当の内容は難しすぎるだろうと考え、5年生の子どもに3年生の教材を与えるなど、レベルを下げた補償教育もしばしば行われる傾向にあったといえる。

　しかしながら、研究が明らかにしていることは、教育の水準を下げ、物理的にも知的にも通常のコースから切り離して治療を施すといったアプローチは、いったん入ると抜け出すことのできない袋小路を作り出してしまうという。すなわち、治療的アプローチはレベルを下げた内容で進度も遅いため、いつまで経っても一般の児童生徒に追いつくことができないばかりか、その差をますます広げてしまうという構造上の問題をはらんでいるのである。

　したがって、外国人児童生徒教育においては、レベルを下げて基礎的な知識や技能の習得をめざす治療的アプローチではなく、子どもの認知レベルに相当の共通した学力水準に到達することをめざす加速的アプローチへの転換が求められるのである。

③ 教科ベースの授業づくり

　本書では、以上のような知見を踏まえ、第二言語学習者の在籍する多文化クラスにおいて、教科をベースにした授業づくりを進めていくことを提案したい。こうしたアプローチには、例えば以下のような意義がある。

　第一に、教科ベースの授業づくりは、第二言語学習者が必要としている在籍クラスにおける長期支援を可能にすることが挙げられる。外国につながる児童生徒の日本語指導はこれまで、長期の支援が必要であるにもかかわらず、日本語指導教室における短期的な指導にとどまっているという問題があった。これまでの取り組みに加え、在籍クラスにおける日本語指導を伴う教科ベースの授業づくりをしていくことで、言語的なニーズに対応した長期にわたる継続的な取り組みが可能になるのである。

　第二に、教科等の内容を中心とした授業づくりは、加速的アプローチを可能にすることが挙げられる。日本語能力が十分でない児童生徒は、日本語が難し

いだろうということで学年やレベルを下げて対応される場合があるが、こうした補償教育のやり方では、前述の通り、いつまで経っても抜け出せない袋小路に陥ってしまう。必要なのは、逆にスピードを上げて通常の授業に早く追いつかせることにある。教科ベースの授業づくりのアプローチは、学習言語と学習方略の支援をしながら、学年レベルの教科内容へのアクセスを保障する。さらに、遅れを取り戻していくことで、日本語能力と学力をともに伸ばしていくことができるのである。

第三に、教科ベースの授業づくりは、日本人と外国人の児童生徒の学び合いを可能にすることが挙げられる。日本語指導の必要な外国人の子どもはこれまで、日本語指導の取り出し授業のため在籍クラスの他の児童生徒と一緒に学ぶ機会が奪われてきた。また、在籍クラスでの授業においては適切な支援がないことも多く、学習に十分に参加できていないこともあった。それが、教科ベースの授業では工夫次第で多文化クラスでの学び合いを可能にすることができる。在籍クラスにおいて、日本語や学習方略の支援をすることで、外国につながる児童生徒と日本人児童生徒とが異なる視点、考え方、文化を互いに学び合う双方向の学習を実現することができるのである。

まとめ

本章では、第二言語習得についての研究を検討することを通して、外国につながる子どもたちの言語教育について考察してきた。議論をまとめると、以下のようになる。

- バイリンガリズムの4つの原則には、1) 相乗効果を生む加算的バイリンガリズム、2) 2言語相互依存、3) 会話力・教科学習言語能力、4) 対人コミュニケーション活動充足の原則がある。
- 外国につながる子どもたちの母語の重要性を考慮し、バイリンガリズムを最大限に伸長していくことが大切である。
- 日本においては、長期的な支援、加速的なアプローチをとり、教科をベースにしたJSL教育を推進していくことが期待される。

外国につながる子どもを理解する上で、第二言語研究の知見から示唆される点は多い。バイリンガリズムの知見を踏まえた、教育プログラムを構築していくことが求められているのである。

コラム　バイリンガル教育プログラム

　バイリンガル教育プログラムには、どのようなアプローチがあるのだろうか。ここでは、アメリカの事例をみてみたい。

1. バイリンガル教育プログラムとは

　バイリンガル教育とは、「生徒が学校教育を受ける上で、2つの言語が授業において用いられるプログラム」をいう。アメリカのバイリンガル教育は、英語の読み書き能力を高めることを目的としているため、ESL (English as Second Language) はバイリンガル教育プログラムにおいても不可欠な構成要素となっている。

　バイリンガル教育は、全米でプログラム数が減少してはいるものの、さまざまな形態をとりながら現在でも実施されている。バイリンガル教育プログラムには多様なモデルや定義があるが、大きくは、「消極的」と「積極的」な形態に分類できる。前者には、移行型バイリンガル教育プログラムが、後者には、発達・維持型バイリンガル教育及び双方向バイリンガル教育プログラムが含まれる（ソニア2010）。

2. バイリンガル教育プログラムの3つの形態

(1) 移行型バイリンガル教育プログラム

　消極的な形態である移行型バイリンガル教育プログラムが、アメリカで最も一般的なものである。これは、英語能力に課題のある子どもたちが、通常の授業についていけるまでの過渡的な援助として、英語とともに母語を教授言語として使用する形態である。教科内容について母語を教授言語として学習する一方で、英語を第二言語として学習する。母語から英語への移行が目的とされ、英語能力をつけ、できるだけ早く英語だけの学級に適応できるようにするための支援が行われる。したがっ

て、母語は英語への橋渡しの言葉としてのみ捉えられ、母語の能力をのばそうという視点がないため消極的とされる。このプログラムにいる期間は限られていて、一般におよそ3年間である。

(2) 発達・維持型バイリンガル教育プログラム

　発達型バイリンガル教育プログラム、あるいは、維持型バイリンガル教育プログラムは、積極的なバイリンガル教育である。このプログラムでは、移行型と同様に、教科内容を英語とともに母語で学習する一方で、英語を第二言語として学習する。他方、移行型とは異なり、学ぶ期間が定められておらず、母語と英語の両方の言語能力を育てることを目的としている。児童生徒は、英語と母語の両方の言語において、同等の教育を受けることができる。

(3) 双方向バイリンガル教育プログラム

　双方向バイリンガル教育プログラムは、もう一つの積極的な形態である。英語と母語の両方がともに教授言語として用いられるバイリンガル教育の形態で、母語の異なる児童生徒がともに異なる言語を学び合い、母語の能力を高めると同時に第二言語の獲得をめざすところに特徴がある。英語とスペイン語によるプログラムの場合には、クラスはスペイン語が第一言語である児童生徒と英語が第一言語である児童生徒がほぼ同数になるように編成され、バイリンガル教育の免許を持つ教員及び通常の教員によって指導される。授業は例えば、一日の半分がスペイン語で、残りの半分が英語で行われ、協調学習を中心に展開される。

3. バイリンガル教育プログラムの動向

　全米のバイリンガル教育プログラムの動向については、例えば、以下のような特徴が挙げられるという（中島 2010、98頁）。

(1) アメリカのどこにでも上述のようなバイリンガル教育プログラムが併設されているわけではなく、移民児童生徒が密集する地域に限られる。
(2) ほとんどがスペイン語を母語とする児童生徒のためのプログラムで、それ以外の言語を母語とする子どもたちはほとんど支援がない状況にある。
(3) アメリカでは「バイリンガル」という名称が「2言語育成」ではなく、「2言語を使用して行う教育」という意味で使用され、英語力の獲得だけを目的とするプログラムが多い。

日本においては、散在地域が多く、外国につながる子どもたちの母語もさまざまであるため、JSL 教育が中心になると思われるが、集住地域においては、バイリンガル教育プログラムを試みることも大切であろう。グローバル社会に生きるバイリンガルの子どもたちを育てるためにも、積極的なバイリンガル教育プログラムの可能性について検討していくことが期待される。

参考・引用文献

カミンズ、ジム（中島和子訳著）『言語マイノリティを支える教育』慶應義塾大学出版会、2011年。
中島和子編著『マルチリンガル教育への招待 —— 言語資源としての外国人・日本人年少者』ひつじ書房、2010年。
中島和子『完全改訂版　バイリンガル教育の方法 —— 12歳までに親と教師ができること』アルク、2016年。
ニエト、ソニア（太田晴雄監訳）『アメリカ多文化教育の理論と実践 —— 多様性の肯定へ』明石書店、2009年。
山本雅代編著『バイリンガリズム入門』大修館書店、2014年。
Walling, D. R. (1993) *English as a Second Language: 25 Questions and Answers*, Phi Delta Kappa Educational Foundation.

第3章

多様な子どもと生徒理解
——文化と言語

《ポイント》

外国につながる子どもたちは多様であり、文化や言語などの視点から生徒理解を深めることが必要である。

《キーワード》

多様性、生徒理解、アイデンティティ、文化、言語、DLA

　外国につながる子どもたちは、言語や文化、生活経験などの点で、きわめて多様である。そのため、文化間の移動をする子どもたちの指導・支援にあたっては、一人ひとりの的確な生徒理解が重要になってくる。では、これらの子どもたちは、どのような特徴をもっているのだろうか。かれらの状況や実態を把握するためには、いかなる点に留意すればよいのだろうか。

　本章では、文化や言語を中心にしながら、外国につながる子どもをどのように理解していけばよいのかについて検討したい。

1. 外国につながる子どもとは

(1) 多様な子どもたち

　外国につながる子どもは、どのような背景をもっているのだろうか。次の課題をもとに考えてみたい。

演習1　多様な背景をもつ外国につながる子どもたち

　外国につながる子どもたちは、どのような特徴をもっているのでしょうか。A〜Dの子どもについて、国籍、出生、生育、滞在期間、言語力、家庭の言語・文化などの視点から具体的にイメージしてみましょう。また、あなたはA〜Dの子どもたちそれぞれを日本人と考えるのか外国人と考えるのか、表3-1に書き入れてみましょう。

　表3-1をもとに、A〜Dの外国につながる子どもたちについて検討してみたことで、思ったこと、感じたこと、考えたことを書いてみてください。また、かれらの多様性についてグループやクラスで話し合ってみましょう。

表3-1　多様な背景をもつ外国につながる子どもたち

	国籍	出生	生育	滞在期間	言語力	家庭の言語・文化	その他	日本人 or 外国人
A:12歳	日本	日本	海外で3年		日本語＞英語	日本語・日本		
B:13歳	日本	日本	3年間一時的に帰国	10年	日本語＞中国語	中国語・中国	祖母が中国残留孤児	
C:11歳	ブラジル	ブラジル	ブラジル4年	7年	日本語＞ポルトガル語	ポルトガル語・ブラジル	両親は日系人	
D:10歳	日本	フィリピン	フィリピン7年	3年	日本語＜フィリピノ語・英語	母：フィリピノ語・フィリピン 父：日本語・日本	国際結婚家庭	

出典：日本語教育学会 2019、117頁をもとに作成。

外国につながる子どもと一口にいってもきわめて多様である。このことは、以下のように、さまざまな名称があることからもわかる。

・外国につながる子ども・外国人児童生徒・外国籍児童生徒・海外にルーツをもつ子ども・ニューカマーの子ども・文化間移動をする子ども・多様な文化背景をもつ子ども・多文化の子ども・日本語指導が必要な子ども・日本語を母語としない子ども・第二言語として日本語を学ぶ子ども（JSLの子ども）

外国につながる子どもの名称については、例えば、日本人の児童生徒に対して外国人児童生徒と呼んだり、国籍に着目して外国籍児童生徒と呼んだり、日本語能力に焦点をあてて日本語指導が必要な子どもと呼んだりしている。国籍や出生、生育歴だけではなく、滞在期間、言語能力、家庭環境などの違いを考慮に入れると、かれらがいかに多様であるのかが実感できるだろう。したがって、受け入れにあたっては、外国につながる子どもの実態を的確に把握するとともに、個々のニーズに応じたきめ細やかな対応をしていくことが必要になってくるのである。

(2) 変化するアイデンティティ

外国につながる子どもたちの理解にあたっては、自分は何者であるのかについての自己認識であるアイデンティティを把握することも重要である。その際、アイデンティティは、固定的なものではなく、時間的な経過や状況によって変容する場合があることに留意しておく必要がある。とくに文化間を移動する子どもたちのケースには、友人関係、社会的な状況や立場、成長のプロセスが影響して、アイデンティティについても変化する可能性がある。次の事例にみられるように、子どもたちにとっての母文化の位置づけや意味づけが大きく変化する場合もあるのである。

中国帰国者3世の陽子さんとひろしさんは、姉弟です。陽子さんは3歳の時に来日、ひろしさんは日本で生まれ育ちました。

学校の日本語教室では、中国文化を学ぶ取り組みを行っています。ひろしさんは積極的で、切り絵は一番の大作を作り、民族楽器の演奏では中心的な役割を果たしました。三国志の人形劇を見たあとは「三国志オタク」と言われるほどになり、中国将棋を覚えれば大人を負かすほどの腕前になりました。そして、「僕は日本でうまれたけど中国人だよ」と誇らしげに話していました。一方、陽子さんは「中国にはかかわりたくない」と、この取り組みをできるだけ避けていました。

しかし、卒業後、陽子さんは友達に「中国人だと差別され、中学が疎ましかった。でも、中国人としての居場所もほしかった」と語るようになりました。一方で、ひろしさんは、中学生になってしばらくすると「今は日本人になりきりたい」と話すようになりました。

同じ家庭に育った2人ですが、このように母語・母文化に対するアイデンティティは異なります。また、アイデンティティは年齢や環境の変化とともに変容しますし、進学や就職、健康等の節目でも常に揺れ動くものです。

出典：齋藤 2011、26頁。

2. 時間と空間からの生徒理解

（1）発達や成長を見通した理解

ここで、外国につながる子どもたちの文化間の移動について考えてみたい。文化間の移動は、アイデンティティやキャリアの形成にどのような影響を与えるのかを、次の課題をもとに考えてみよう。

演習2　文化間移動する外国につながる子どもたち

外国につながる子どもたちは、文化間の移動によって、成長・発達にどのような影響を受けるのでしょうか。図3-1に示した5歳〜19歳まで日本に滞在し、その後ブラジルに帰国した30代女性のライフコースを見て、ブラジルと日本の間を移動したことが、彼女の言語獲得・学習・社会参加にどのように影響を与えたのかについて話し合ってみましょう。

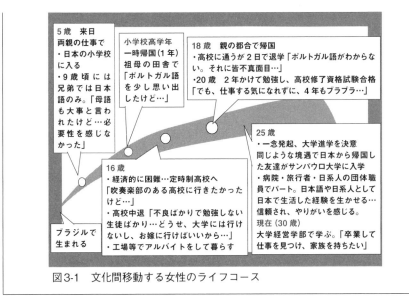

図3-1　文化間移動する女性のライフコース

出典：日本語教育学会 2019、118頁。

　文化間の移動は、外国につながる子どもたちの発達や成長に大きな影響を及ぼす。例えば、日本での滞在が長期なのか短期なのかは、キャリアをいかに形成していくかに大きくかかわってくる。そのため、長期的な視野に立った支援が重要になってくるのである。子どもたちの滞在の状況を把握するとともに、どのようなキャリアをめざしているのかなどを本人や保護者とともに話し合い、将来の展望をもたせながら指導にあたることが重要である。

(2) 文化的な違いについての理解
① 学校の制度や文化の違い

　外国につながる子どもの指導にあたっては、学校の制度的な違いを知っておくことも重要である。学校をめぐる制度や文化は、例えば日本とブラジルを比較した表3-2のように、国によって大きく異なることが多い。また、日本の学校では、給食や清掃があり、音楽や美術、体育などの教科も重視され、学習指導だけでなく生徒指導も大切にされているといった特徴をもつ。こうした学校生活の違いを踏まえ、日本の学校で何が期待されているのかについて丁寧に伝えていくことが大切である。

表3-2　学校の違い　日本・ブラジル

項目	日本	ブラジル
学校で過ごす時間	全日（8:15頃〜16:00頃）	半日（7:00頃〜12:30頃）
給食	有り	無いことが多い
おやつの時間	無し	有り（お菓子等）
遊び用具等の持参	おもちゃ等の持参は不可	おもちゃ等の持参は可
服装等	ピアス、染め毛禁止	ピアス等自由
掃除当番	有り	無し（清掃員が行う）
家庭訪問	有り	無し
欠席	欠席の場合は学校へ連絡	連絡なしで欠席しても問題ない場合もある
個別懇談	有り	無し
カバン	ランドセル	リュックキャスター付きバッグ
夏休み	約40日間（宿題有り）	約3か月間（宿題無し）
冬休み	約2週間（宿題有り）	約1か月間（宿題無し）

出典：文部科学省 2019、63頁。

② 民族や宗教の違い

　外国につながる子どもの指導にあたっては、文化の違いに留意する必要がある。ものの見方や考え方、宗教の違いもあるため、食事や体育、持ち物などについては、学校における指導方針を十分に説明するとともに、保護者からの要望に配慮していくことも重要である。また、文化が違うとコミュニケーションのスタイルも異なることが多い。以下の事例のように、よかれと思った何気ない行為が思わぬ誤解や問題を生じさせる場合もある。そのような状況に陥ることにならないためにも、指導や支援にあたっては、文化の違いがあるということを常に念頭におきながら、意思疎通を図っていくことが必要である。

文化の違いを知ることの大切さ

　ある日、インドネシアから来たサイフルさん（小学2年生）は、先生に頭をなでられ、身体を硬直させました。インドネシアの国教であるイスラム教では、頭は神聖なものとされているので、サイフルさんは、頭を触れられたことで侮辱された気持ちになったのです。
　頭をなでることで親しみを表し、児童との距離を縮められると考えていた先生は、サイフルさんの様子に驚きました。親に事情をきいたところ、頭は神聖なと

ころであるという説明を受け、サイフルさんがなぜ身体をこわばらせたのかがわかりました。その後、先生は宗教を意識して教育にあたるようになりました。イスラム教のことでわからないことがあったときは、サイフルさんに聞くようにしました。「イスラム教徒にとってコーランやお祈りは非常に大切である」「豚肉を食べないなどのきまりは厳格に守る」「左手は不浄の手として物のやり取りには使用しない」などをサイフルさんから教わりました。

出典：齋藤 2011、50頁。

3. 日本語能力の把握

（1）日本語の能力

　外国につながる子どもたちは、日本語の能力に課題がある場合も多い。学校で外国人児童生徒を受け入れる際には、かれらの日本語能力を的確に把握する必要がある。

　では、外国につながる子どもの事例をもとに、表3-3のJSL評価参照枠に従って日本語能力のレベルを判定してみよう。この参照枠は、後述する「外国人児童生徒のためのJSL対話型アセスメントDLA」の枠組みとなるもので、在籍クラスの授業にどの程度参加できるのかを基準に6つのステージが設定されている。その日本語能力に対応した支援の段階には、初期支援段階、個別学習支援段階、支援付き自律学習段階がある。

表3-3　JSL評価参照枠

ステージ	学齢期の子どもの在籍学級参加との関係	支援の段階
6	教科内容と関連したトピックについて理解し、積極的に授業に参加できる	支援付き自律学習段階
5	教科内容と関連したトピックについて理解し、授業にある程度の支援を得て参加できる	
4	日常的なトピックについて理解し、学級活動にある程度参加できる	個別学習支援段階
3	支援を得て、日常的なトピックについて理解し、学級活動にも部分的にある程度参加できる	
2	支援を得て、学校生活に必要な日本語の習得が進む	初期支援段階
1	学校生活に必要な日本語の習得がはじまる	

出典：文部科学省 2014、8頁。

では、グエンさんの日本語能力を評価してみよう。事例の記述をもとに、まず、4つの言語能力それぞれについてレベルを判断してみよう。そして、それらの判定を総合して、JSL評価参照枠ではどのレベルになるのかを検討してみよう。

演習3　グエンさんの日本語能力は

　あなたは、小学校の外国人児童教育委員会のメンバーです。委員会のケース会議では、小学3年生のグエンさんの日本語能力を学級や日頃の様子をもとに、JSL評価参照枠のいずれの段階にあるのかを判定することになっています。グエンさんの状況をもとに、1と2の課題をしてみましょう。

1. 日本語の4つの機能について、表3-4 DLA〈話す〉、表3-5 DLA〈読む〉、表3-6 DLA〈書く〉、表3-7 DLA〈聴く〉の評価基準をもとに、6つの段階のどの段階であるかをそれぞれ検討してみてください。
2. 4つの言語技能を総合すると、JSL評価参照枠の6つのステージのどこにあたるかを考えて、ケース会議（チーム）で話し合ってみましょう。

　グエン・ファット・ミーさんは、日本生まれです。両親は、1980年代後半に、ベトナムからインドネシア難民として日本にやってきました。

　3年生になって、グエンさんは休み時間や活動中心の授業では、日本人の子どもたちと同じように活動しているのに、算数や国語になるとボーッとする様子が目立つようになりました。担任の先生が勉強したことについて尋ねてみると、やはりわかっていません。まとめのテストもほとんど書けませんでした。日常生活には問題のないレベルの日本語の力を持っているのに、日本語でまとまった内容を伝えることや、文章を書くことができないのです。

〈2年生のときの担任の先生〉

　確かに、グエンさんは、お勉強では遅れ気味でした。ですが、普段の生活では日本語で困ることはありませんでしたし、活動が中心の学習では、ほかの子どもたちと大差なく課題を達成していました。ただ、ことばで説明することが苦手で、一つひとつ尋ねないとなにがあったのかも、自分がどう考えたのかもうまく話すことができませんでした。それに、読み書きがなかなか身につかず、2年生の最後になっても、特殊音の仮名の表記で頻繁に間違いが見られましたし、漢字も半分ぐらいしか覚えられませんでした。作文では、語彙が乏しく、短い文をいくつか並べるような文章を書いていました。

〈グエンさん〉

　勉強はきらいじゃないけど…、あんまりわかんない。算数は、ときどき好き。計算ができるとうれしい。理科とか社会は、外に行けるから好き。調べたり何か作ったりするのはおもしろい。でも、テストは嫌だ。質問がかわんないし、何を書けばいいかわかんないんだもん。おうちでは、お姉ちゃんがときどき教えてくれるけど、すぐ怒るし、わかんなくなる。お父さんとお母さんは、日本語ができないし、勉強もわかんないから、聞いてもダメ。

出典：グエンさんの事例は齋藤 2011年、56-59頁より。

表3-4　DLA〈話す〉　JSL評価参照枠

ステージ	話の内容・まとまり	文・段落の質	文法的正確度	語彙	発音・流暢度	話す態度
6	□年齢相応の教科内容と関連した認知タスクがこなせる	□まとまった話が1人でできる	□文法的正確度が高い	□年齢相応の教科学習語彙が使える	□発音が自然で、流暢度が大変高い	□自分から進んで発言し、会話を自らリードできる
5	□年齢相応の教科内容と関連した認知タスクがある程度こなせる	□ある程度まとまった話ができる	□文法的正確度がある程度高い	□教科学習語彙がある程度使える	□発音が自然で、流暢度が高い	□様々な会話に積極的に参加することができる
4	□対話タスクがこなせる	□文を生成し、ある程度連文ができる	□連文レベルで誤用がほとんど目立たない	□日常語彙が使える	□発音が自然で、流暢度がある	□聞かれた質問に答えることができる
3	□対話タスクがある程度こなせる	□単文レベルの応答ができる	□単文は生成できるが、助詞や活用などの誤用が目立つ	□身近な日常語彙が使える	□流暢度が低い	□聞かれた質問にある程度答えることができる
2	□基礎タスクがある程度こなせる	□二語文	□語順が乱れ、活用が不正確	□基礎語彙が使える	□流暢さなし	□定型表現や知っている単語でコミュニケーションをとろうとする
1	□基礎タスクの質問にいくつか答えられる	□一語文	□単語レベル	□わずかな基礎語彙が使える	□流暢さなし	□ジェスチャーや表情でコミュニケーションをとろうとする

出典：文部科学省 2014、36頁。

表3-5　DLA〈読む〉　JSL評価参照枠

ステージ	読解力	読書行動	音読行動	語彙・漢字	読書習慣・興味・態度
6	□年齢枠相応の読み物を読んでよく理解できる	□より深く理解するために必要な様々な読解方略（予測・推測、関連づけ、読み返し等）を効果的に使うことができる	□文や意味のまとまりに区切りながら、流暢に読める	□年齢枠相応の語彙や漢字がよく理解できる	□年齢枠相応の本や読み物を進んでたくさん読む習慣がある
5	□年齢枠相応の読み物を読んで、大まかに理解できる	□理解するために必要な読解方略をある程度使うことができる	□ややゆっくりではあるが、だいたい文や意味のまとまりに区切って、読める	□年齢枠相応の語彙や漢字がある程度理解できる	□年齢枠相応の本や読み物をある程度読む習慣がある
4	□1つ下の年齢枠の読み物を読んで、大まかに理解できる	□支援を得て、理解するために必要な読解方略をある程度使うことができる	□安定して、文節や単語に区切って読める	□1つ下の年齢枠の語彙や漢字が理解できる	□1つ下の年齢枠の本や読み物を読む習慣がある
3	□2つ（または3つ）下の年齢枠の読み物を読んで、大まかに理解できる	□支援を得て、理解するために必要な読解方略を使いはじめる	□ゆっくりではあるが、だいたい文節や単語に区切って読める	□支援を得て、2つ（または3つ）下の年齢枠の語彙や漢字がある程度理解できる	□支援を得て、2つ（または3つ）下の年齢枠の本や読み物を読む
2	□普段よく目にする身の回りの簡単な単文が理解できる	□文字の読み間違いに気づく	□文字習得が進む	□身の回りの語彙を聞く、または、読んで、理解できる	□支援を得て、興味のある読み物や身の回りの書かれたものを読もうとする
1	□身の回りのよくしっている語彙を読んで、理解できる	□文字と音との対応ができる	□文字習得がはじまる	□身の回りのよく知っている語彙を聞く、または、読んで、理解できる	□ごく短い読み物や書かれたものに興味を示す

出典：文部科学省 2014、72頁。

表3-6　DLA〈書く〉　JSL評価参照枠

ステージ	内容	構成	文の質・精度	語彙・漢字力	書字力・表記ルール	書く態度
6	□内容に見合った長さの作文が書ける □内容が豊か □年齢相応の表現技術が使える	□まとまりのある作文が書ける □効果的な段落が作れる	□複雑な文が書ける □正しい文が書ける □文末の統一ができる	□テーマに見合った適切な語彙を使って書ける □年齢枠相応のさまざまな語彙や漢字が使える	□表記上、正確度の高い文章が書ける	□書くことに意欲的に取り組む □書く前に準備をする □書いた後読み返して修正しようとする
5	□内容がある程度豊か □表現上の工夫がある	□ある程度まとまりのある作文が書ける □段落が作れる	□複雑な文もある程度書ける □大体正確な文が書ける □ある程度文末の統一がとれる	□テーマに見合った語彙がある程度使える □年齢枠に近い語彙や漢字が使える	□表記上、誤用が少ない文章が書ける	□課題作文に積極的に取り組む □書く前の準備をある程度する □書いた後読み返しをする
4	□テーマに添った作文が書ける	□文と文をつなげて、流れのある作文が書ける	□誤用はあるが意味の通じる文が書ける	□日常語彙を使って作文が書ける □少し下の年齢枠の語彙や漢字が使える	□表記上の誤用はあるが、意味は通じる文が書ける	□課題作文に自分で取り組む
3	□テーマと関連がある文がいくつか書ける	□テーマと関連がある複数の文が書ける	□誤用が多いが、連文が書ける	□日常語彙をある程度使って文が書ける □少し下の年齢枠の語彙や漢字がある程度使える	□文字・表記上の誤用が多い	□支援を得て課題作文に取り組む
2	□使い慣れた表現を使って書こうとする	□文を書こうとする	□ひらがなとカタカナを使い分けて文を書こうとする	□既習語彙や漢字を使って文を書こうとする	□表記ルールをある程度理解して文を書こうとする	□支援者といっしょに考え、支援を受けながら書くことに取り組もうとする
1	□テーマに関連する単語が書ける	□いくつかの関連する単語を並べることができる	□ひらがなが書ける	□よく知っている単語が書ける	□表記ルールについての理解が始まる	□作文を書く指導を受け始める

出典：文部科学省 2014、104頁。

表3-7　DLA〈聴く〉　JSL評価参照枠

ステージ	聴解力	聴解行動	語彙・表現
6	□教師の話の内容の大筋と流れがよく理解できる	□教師の話の内容に関心を持ち、集中して最後まで聴け、それを基に積極的に授業に参加できる	□授業のテーマに関連した語彙・表現がよく理解できる
5	□教師の話の内容の大筋と流れがある程度理解できる	□教師の話の内容に関心を持ち集中して最後まで聴け、それを基に、授業にある程度参加できる	□授業のテーマに関連した語彙・表現がある程度理解できる
4	□教師の話の内容の大筋と流れが部分的に理解できる □身近な内容の話を聴いて大体理解できる	□教師の話の内容に関心を持ち集中して最後まで聴け、それを基に授業に部分的に参加できる □身近な内容の話を、最後まで聴こうとする	□授業のテーマに関連した語彙・表現が部分的に理解できる □身近な内容の話の語彙・表現が大体理解できる
3	□ごく短い身近な内容の話を聴いて支援を得てある程度理解できる	□ごく短い身近な内容の話を、支援を得て最後まで聴ける	□ごく短い身近な内容の話の語彙・表現がある程度支援を得て理解できる
2	評価対象外		
1			

出典：文部科学省 2014、135頁。

(2)「外国人児童生徒のための JSL 対話型アセスメント DLA」とは

　日本語の能力をどのように判断すればよいのだろうか。日本語能力の評価に関して、教育現場では以下のような課題に直面している。

- ・会話力があっても、学習言語がどの程度身についているかわからない。
- ・観察からの評価のみで基準がなく不安である。
- ・日本語力の判断が担当教員任せで共有できていない。それで大丈夫か不安。
- ・日本語指導の目標や到達レベル、指導終了の目安がなく、指導に苦慮している。
- ・日本語能力の判定の仕方がわからない。

出典：伊藤 2019、3頁。

　このような日本語能力の評価の課題に応えるために、「外国人児童生徒のための JSL 対話型アセスメント DLA」が開発されている。DLA とは、対話型（Dialogic）、言語（Language）、アセスメント（Assessment）の頭文字から名付けられたものである。DLA は、日本語能力を測定し指導に生かすことを目的に、

◆外国人児童生徒の総合的な学習支援事業◆
外国人児童生徒のための JSL対話型アセスメント

DLA

Dialogic Language Assessment
for Japanese as a Second Language

文部科学省初等中等教育局国際教育課

外国人児童生徒のためのJSL対話
型アセスメントDLA（表紙）

文部科学省の委託研究（2010 ～ 2012 年）に
よって開発されたものである。DLA は、日
本語能力を測定するアセスメントツールで
あるが、DLA を実施することそのものが学
びの機会となるものでもある。

　DLA の特徴は、ペーパーテストや集団テ
ストではなく、一対一の対話型となってい
ることである。評価にあたっては、評価者
と子どもが対話の形でやりとりをしながら
判定していく。はじめの一歩（導入会話、語
彙力チェック）に続き、4 つの言語技能であ
る〈話す〉、〈読む〉、〈書く〉、〈聴く〉のテス
トが対面による言葉のやり取りを通して実施
される。DLA のアセスメント結果は、4 技能
の評価結果を踏まえ、前述のJSL評価参照枠の 6 つのステージで判定される。

(3)　グエンさんの日本語能力をめぐって

　事例のグエンさんの日本語能力について考えてみよう。通常の日本語能力の
判定では、DLA によるアセスメントの結果に加え、日頃の観察を加味して判
定することが推奨されている。ここでは、事例の記述をもとに、おおまかな判
定をしてみたい。

　4 つの能力のレベルについて、表3-4 から表3-7 をもとに検討しよう。DLA
〈話す〉については、日常生活で日本語に困ることがない一方でまとまった内
容を伝えることができないということから、レベル 4 であろうか。DLA〈読む〉
については、テストの質問がわからないという状況から、レベル 3 か 4 だろう。
DLA〈書く〉については、間違いが多く語彙が少なく、まとまった文章を書け
ないことから、レベル 3 か 4 だろうか。DLA〈聴く〉については、教科学習が
わからないが活動中心の授業は参加できている状況からレベル 4 か 5 となるだ
ろう。これらの日本語の 4 技能の能力を総合すると、表3-3 のJSL 評価参照枠
においては、教科の授業に支援が必要なレベル 4 と判断することができるよう
に思われる。

なお、DLAの開発に携わった伊藤によれば、「日本語指導が必要である児童生徒」は、ステージ1～4の段階であるという[1]。ステージ5、6については支援は必要であるが、在籍クラスでの授業に十分に参加できるレベルであるという。これに従えば、特別の教育課程の対象としては、レベル1～4の児童生徒とすることが考えられる。レベル5や6に達した児童生徒については、本書で検討する教科ベースの授業づくりを進め、在籍クラスにおいて教科の指導と日本語の指導の両方を視野に入れて対応していくことが望まれるだろう。

日本においてはまだ、日本語能力を判定する方法が確立しておらず、現場の判断にまかされている状況にある。外国人児童生徒への教育を充実させていくには、日本語能力をきちんと判定する基準や仕組みをつくるとともに、日本語能力に応じた指導体制の整備とプログラム開発が欠かせない。

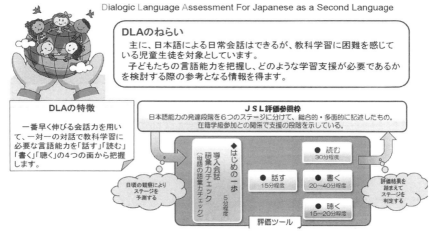

図3-2　外国人児童生徒のためのJSL対話型アセスメントDLAとは
出典：有識者会議 2016、19頁。

まとめ

　本章では、文化と言語の視点から、多様な背景をもつ外国につながる子どもの理解について検討してきた。議論の要点は、以下のようにまとめられる。

- 外国につながる子どもは、文化や言語、生活経験の面で多様であり、成長とともにアイデンティティが変化する場合もある。
- 文化間を移動する子どもを理解するには、キャリア形成といった長期的な視点をもつとともに、文化の違いに配慮することが必要である。
- 外国人児童生徒の日本語能力を把握するツールとしてDLAが開発されており、JSL評価参照枠に従った判定とそれに基づく適切な指導や支援のあり方を確立していくことが課題となっている。

　学校において外国につながる子どもを受け入れるには、これらの多様な児童生徒をいかに理解するのかがカギとなる。日本語能力の評価の標準化や普及を含め、文化的に多様な生徒の理解を深めるための方法や具体的な手だてを確立していくための知見が求められている。

コラム　子どもたちの背景

　「日本語指導が必要な外国人児童生徒など」というと、ある日突然日本にやってきて、日本語も日本の生活もわからずに困っている子どもたちをイメージする人が多いのではないでしょうか。確かに、20年以上前は、保護者の海外勤務に伴う帰国児童生徒か、日本に留学する留学生や研究者の子ども、または大戦後の中国残留邦人の子弟である中国帰国児童生徒が、ある特定の学校に通っているケースがほとんどでした。

　その後、1990年の「出入国管理及び難民認定法」の改正により、中南米からの日系人（3世まで）が就労を認められるようになると、バブル景気を背景に、労働力として日系人の来日が急増しました。そして、それに伴う子どもの来日により静岡や群

馬などの大規模工場の周辺にある公立学校に通う子どもたちが急速に増えていきました。また、時を同じくして、国際結婚家庭の子どもや、親の再婚（国際結婚）に伴って来日する子どもが増加しました。後者は、新しい日本人の父親のもとに、母国から呼び寄せられるケースです。

　最近は、外国人住民の滞在の長期化に伴い、いわゆる外国人の集住する地域では、日本で生まれ育った外国人児童生徒が増加しています。また、社会の国際化の流れのなかで、いくつもの国で生活した経験がある外国人児童生徒や、両親とも日本人だけれども海外在住経験しかないという児童生徒が転編入してくる例も見受けられます。これらの子どもたちの中には、家庭内では、母語のほかにも滞在経験のある国の言語を使い、学校では日本語で学習するという複雑な言語環境で育っているケースもあります。また、複雑な家庭関係ゆえに、DVが発生したり、両親の離婚によって片親が離婚後の在留資格を失う場合もあります。残念ながら、在留資格確保のために子どもが使われたりする例もあります。これらの家庭環境や言語環境は、子どもの発達や言語習得に大きな影響を与えます。子どもがなかなか日本語を習得できないときや、落ち着いて学習ができないときには、本人の能力や特性以上に、思いもつかない原因が隠れていることがあります。こうしたことも念頭に置いておくことが必要です。

　このように、日本語教育の対象となる子どもたちの多様化が進み、学校現場では、従来想定していた外国人児童生徒への教育とは異なる課題に直面しています。子どもたちの置かれている状況に常に気を配り、保護者にさまざまな情報提供をするとともに、関係諸機関とも連携を取り合い、より良い教育や対応を検討することが重要です。

出典：齋藤 2011、127頁。

注

(1) 2019.11.26の外国人児童生徒等の教育に関する有識者会議における発言。

参考・引用文献

伊東佑郎「日本語能力の測定方法と指導への生かし方 ―― 「DLA」の活用を中心に」「外国人
　　児童生徒等の教育に関する有識者会議（資料）」令和元（2019）年11月。

学校における外国人児童生徒等に対する教育支援に関する有識者会議「外国人児童生徒等教
　　育等に対する教育支援に関する基礎資料（参考資料）」「学校における外国人児童生徒等に
　　対する教育支援の充実方策について（報告）」平成28（2016）年6月。

齋藤ひろみ編著『外国人児童生徒のための支援ガイドブック ―― 子どもたちのライフコース
　　によりそって』凡人社、2011年。

日本語教育学会「事例集　モデルプログラムの活用」（外国人児童生徒教育を担う教員の養成・研
　　修プログラム開発事業）平成31（2019）年3月。

文部科学省「外国人児童生徒のためのJSL対話型アセスメントDLA」平成26（2014）年1月
　　https://www.mext.go.jp/a_menu/shotou/clarinet/003/1345413.htm（2020年9月11日 確
　　認）。

文部科学省総合教育政策局男女共同参画共生社会学習・安全課編著『外国人児童生徒受入れ
　　の手引（改訂版）』明石書店、2019年。

第4章

学校での外国児童生徒の受け入れ
——学びの経験とデザイン

《ポイント》

　外国につながる児童生徒の受け入れにあたっては、編入してくる子どもたちの実態把握に努めるとともに、日本語指導を含め、学校や学級での受け入れ体制を整備することが求められる。

《キーワード》

　学習指導要領、適応指導、日本語指導、国際理解

　外国につながる児童生徒が転入してくることになったとしよう。受け入れにあたって、学校や学級ではどのような準備や配慮が必要なのだろうか。学校生活や文化の違いにいかに対応していけばよいのだろうか。どんな日本語指導プログラムを編成していけばよいのだろうか。

　本章では、外国につながる子どもの受け入れをどのように進めていけばよいのかを検討したい。

1. 外国人児童生徒と学習指導要領

(1) 学習指導要領での記述

　外国人児童生徒の教育についての留意事項にはどのようなことがあるか。学習指導要領やその解説をもとに検討してみよう。

演習1　外国人児童生徒と学習指導要領・【総則編】学習指導要領解説

　学習指導要領と【総則編】学習指導要領解説を読み、外国人児童生徒への対応についてどのような記述があるのかをチームでA3の用紙にまとめ、発表しましょう。
1. 学習指導要領と【総則編】学習指導要領解説の該当部分を読み、適応指導、国際理解、日本語指導についてどのような内容の記述があるかを一人ひとりまとめてみましょう。
2. チームになり、話し合いながら、パワーポイントの資料をつくる要領で、A3の紙にペンで発表内容を整理してみましょう。
3. 全体で発表し、話し合いましょう。
　なお、「小学校学習指導要領」「【総則編】小学校学習指導要領解説」「中学校学習指導要領」「【総則編】中学校学習指導要領解説」は、https://www.mext.go.jp/a_menu/shotou/new-cs/1384661.htm（2020年9月30日確認）でみることができます。

　学習指導要領には、海外から帰国した児童生徒、日本語の習得に困難のある生徒の指導についての内容がある。そこでは、①適応指導、②国際理解、③日本語指導について言及されている。

(2) 外国人児童生徒に関する学習指導要領の記述

① 学校生活への適応指導と国際理解

　学習指導要領では、海外から帰国した児童生徒、日本語の習得に困難のある児童生徒の指導について、第1章第4の2の(2)に記述されている。アでは、学校生活への適応指導と国際理解について書かれている。

ア　海外から帰国した児童＊などについては，学校生活への適応を図るとともに，外国における生活経験を生かすなどの適切な指導を行うものとする。
　＊中学校学習指導要領では、生徒（以下、同様）。

第一に、帰国児童生徒や外国人児童生徒の学校生活への適応を図っていく必要がある。3章で検討したように、外国につながる子どもと一口にいってもきわめて多様である。その名称は国籍に着目した外国籍児童生徒、日本語能力に焦点をあてた日本語指導が必要な子ども、渡日の時期によるオールドカマーやニューカマーの子どもなどさまざまである。また、外国人児童生徒に加え、両親のいずれかが外国籍である子どもも増加している。滞在期間、言語能力、家庭環境などの違いを考えると、外国につながる子どもの実態を的確に把握し、個々のニーズにきめ細かく対応して、学校生活への適応を促していくことが必要である。

　第二に、帰国児童生徒や外国につながる児童生徒は、異なる文化での生活経験、異なる見方や考え方、外国語の能力などの価値ある資源をもっている場合も多く、こうした特性を生かした教育を進めていくことが必要である。日本社会の多文化共生が大きな課題になるなかで、身近に異なる文化的な背景をもったり、グローバル感覚をもったりしている仲間がいることは大きな財産といえる。教科等の学習においては、外国につながる子どもの特性の伸長を図るとともに、日本人の児童生徒と学び合う機会を工夫して、異文化理解や国際理解を深めていくことが期待される。

② 日本語指導が必要な児童生徒への支援

　学習指導要領、第1章第4の2の (2) イでは、日本語の習得に困難のある生徒についての指導、とくに日本語指導について書かれている。

イ　日本語の習得に困難のある児童については，個々の児童の実態に応じた指導内容や指導方法の工夫を組織的かつ計画的に行うものとする。特に，通級による日本語指導については，教師間の連携に努め，指導についての計画を個別に作成することなどにより，効果的な指導に努めるものとする。

　帰国児童生徒や外国につながる児童生徒の中には、日本語の能力に課題があり、日常会話はできても、教科学習に十分に参加できるだけの教科学習言語までは習得できていない者も多い。日本語の習得については、日本で生活するためにも学校に適応し、学力をつけるためにも最も重要な課題の一つであるといえる。一人ひとりの日本語能力を的確に把握して、それぞれのニーズに応じた

日本語の指導を進めていくことが求められる。

　日本語指導については長い間、教育課程に位置づけられておらず、指導体制の整備が不十分な状況で、学校による指導の内容や体制に大きな格差がみられていた。そのため、全国で一定の質が担保された日本語指導を受けることができるように、2014年度より「特別の教育課程」を編成・実施できるようになった。日本語指導担当教員及び指導補助者が、年間10単位から280単位を標準として、在籍学校における取り出し授業を原則に指導計画を作成して、学習評価を実施することが可能になっている。

2. 外国人児童生徒の受け入れ

(1) サミーラさんのウェルカムプロジェクト

　では、外国につながる子どもが学校に入学・編入してきたらどうすればよいのだろうか。サミーラさんの事例をもとに考えてみよう。

演習2　サミーラさんがやってくる

　あなたは、小学校の教師をしています。サミーラさんが、あなたの学校に編入してくることになりました。彼女はイスラム教を信仰しています。あなたは、サミーラさんウェルカムプロジェクトチームの一員で、学校や学級などでどのように受け入れていくのかのプランを考えているところです。以下のフォーマットに従って構想して、全体で話し合ってみましょう。

【事例．小学校4年生（10歳）】

　サミーラ・アリー・イーブラヒームさんは、エジプトのカイロで生まれました。両親はエジプト人です。父親の留学に伴い、4年生の夏に両親と弟とともに来日しました。父親の留学期間が終わる2年後には、帰国する予定です。サミーラさんの学校について、両親はインターナショナルスクールなどの選択肢も考えましたが、学費の面と、日本に来たからには日本の文化に触れ、日本人の友だちをつくるのもいいのではないかという考えから、日本の公立学校に通わせることにしました。

　来日後、母親は非常勤講師としてアラビア語を教え始めることになり、両親とも忙しい日々が始まりました。

【サミーラさん受け入れプラン】
1. サミーラさんが編入してくるまでの準備
2. サミーラさんが初めて登校してきた日と最初の1週間の計画
3. その後の3か月の計画
4. その後の2年間の計画

【留意点】
・何をめざして、5W1H：いつだれがどこで何をどうするのか。
　　（サミーラさん、学級・学年・学校の児童、担任・その他の教師やスタッフ、サ
　　ミーラさんの親、他の保護者……）
・うまくいっているかをどう評価するのか、期待される効果は何かなど。

出典：サミーラさんの事例は、斎藤2011年、80頁。

(2) 外国人児童生徒をどのように受け入れるのか

① 学校の受け入れ体制づくり

　外国人児童生徒の受け入れにあたっては、校内での共通理解を図り、体制づくりをすることが必要である。まず、これらの子どもの受け入れは、多様な文化や言語に触れる機会となり、学校を豊かにしてくれるものという共通した認識を醸成することが重要である。

　また管理職、日本語指導担当教員、担任、その他の教員との連携と情報交換を促すとともに、校内研修を実施するなど、学校全体で取り組む体制づくりが求められる。なお、研修の計画にあたっては、文部科学省の委託により作成された「外国人児童生徒教育研修マニュアル」や「外国人児童生徒等教育を担う教師等の養成・研修に資するモデルプログラム」が参考になる。

　さらに、教育委員会の担当者やスタッフ、地域のNPO、ボランティア団体などとの連携を図ることも重要である。教育委員会の専門家や外部人材（日本語指導協力者、学習支援

外国人児童生徒教育研修マニュアル

ボランティア、通訳など）の派遣を依頼したり、外国人を支援している地域人材を発掘したりするなど、教育委員会や地域との連携体制づくりを進めることも大切になってくる。学校内外のリソースを最大限に利用し、受け入れ体制を整備していくことが大切である。

② 受け入れ時の面接

受け入れ時の留意事項としては、外国につながる子どもと保護者に対し、学校生活について十分に説明するとともに、面接をして児童生徒の状況を把握することがある（文部科学省 2019）。面接にあたっては、言語に対する配慮を行い、必要に応じて通訳者に同席してもらうなどの準備が必要になるだろう。

また、生徒指導個票を作成し、例えば以下に示すような内容について把握することも考えられる。外国人児童生徒といってもさまざまであるので、情報を的確に把握して記録に残し、一人ひとりの子どもの状況をしっかりと理解することが大切である。

生徒指導個票の項目（例）

○本名と呼称　○性別　○生年月日　○来日年月日　○現住所 ○緊急連絡先　○家族構成　○国籍　○家庭内使用言語　○滞在期間 ○滞在予定　○日本語学習歴　○出身国での学習　○好きな教科 ○得意なこと・趣味　○将来の希望・進路　○病歴やアレルギー ○発達障害の診断の有無　○宗教上の配慮事項など

出典：文部科学省 2019 年、41 頁。

③ 学級での受け入れ

学級での受け入れにあたっては、外国につながる子どもの適応への支援と学級づくりに配慮することが必要である。例えば、以下に示すように、それぞれの時期における適応の課題に応じた配慮をしていくことが求められるだろう（文部科学省 2019）。

1）出会いの時期：在籍学級の児童生徒との出会いの時期は、学級のあたたかい雰囲気づくりに心がけ、次頁の枠に示したような初期指導に配慮する必要がある。

2）試行の時期：学級での人間関係についてのきめ細かな配慮をして、学級で

の居場所を見つけられるように支援することが必要である。

3）調和の時期：活動的になる一方で、異文化に伴うトラブルが生じるが、違いを認め合う受容的な学級づくりを進めることが重要である。

4）成長の時期：学級の人間関係が形成されるなかで、異なる文化を学び、相互理解を深めさせ、学級の国際化を進めることが重要である。

初期段階の配慮事項

- 当該児童生徒の母語と日本語、両方の挨拶で迎えるとよい。その児童生徒の母語を学級の児童生徒が使うことによって、好意的な受け入れのメッセージはより強く伝わる。
- 座席は、担任の近くとし、いつでも配慮できるようにしておく。
- 靴箱やトイレなどの場所や使用法などの最低限必要な事柄は、学級場面で再度具体的に指導する。
- 休み時間など学校生活のケアをしてくれるよう児童生徒にお願いしておくのは望ましいが、特定の児童生徒に固定化しない方がよい。
- 個別に話す場面では、ゆっくりはっきりした口調で分かりやすい日本語で語りかける。
- 長所を見つけ、学級の前でほめるよう意識し、自己肯定感をもたせる。
- 学校行事や健康診断などのときは、個別に内容や方法を伝える。保護者に対するお知らせは、できるだけルビ振りをしたり、通訳の方に訳してもらったりする。
- 学習の進度を常に確認し、取り出し指導の日程や内容などについて、日本語指導の支援者などと十分に話し合い調整しておく。

出典：文部科学省 2019、42-43 頁。

3. 日本語指導のデザイン

(1) 日本語指導の計画を立ててみよう

　外国につながる児童生徒の受け入れにあたっては、日本語指導をどのように進めていくのかが重要になってくる。例えば、3 章で検討した DLA を実施して日本語能力が判定されると、次にその能力に応じて、日本語指導プログラム

をデザインすることになる。指導計画のデザインにあたっては、個々の子ども
の言語能力の状況にあわせて、個別指導計画を立案していく必要がある。

　日本語指導のプログラムには、以下の①〜⑤のようなものがある（文部科学
省 2019）。外国につながる子どもの日本語能力のステージや学校への適応の状
況に応じて、これらを組み合わせながら、個々の生徒のニーズに応じた効果的
な指導計画を立てることが必要である。

---

① サバイバル日本語プログラム：健康・衛生、安全な生活、関係づくり、学校生
　活など、日本の学校や社会での生活で必要性の高い日本語を学ぶもの。
② 日本語基礎プログラム：発音の指導、文字・表記の指導、語彙の指導、文型の
　指導など、日本語の基礎的な知識や技能を学ぶもの。
③ 技能別日本語プログラム：聞く、話す、読む、書くといった言語の 4 つの技能
　のうち、いずれか一つに絞って目的に応じて学習を進めるもの。
④ 日本語と教科の統合学習プログラム：日本の表現と必要な教科等の内容とを組
　み合わせて、日本語と同時に教科内容を学ぶもの。
⑤ 教科の補習プログラム：取り出し指導や入り込み指導として、担当教員や日本
　語指導協力者・支援者の補助を受けて、教科等を学習するもの。

出典：文部科学省 2019、27頁。

　ではここで、事例をもとに、日本語指導の個別指導計画を考えてみよう。

演習3　日本語指導のコース設計

　あなたは、日本語指導担当の教師です。学校にアとイの事例のようなタイ人の
パワーポーンさんと韓国人のパクさんが編入してくることになりました。プロジェ
クトチームのメンバーといっしょに個別指導計画を立案することになっています。
① サバイバル日本語プログラム、② 日本語基礎プログラム、③ 技能別日本語プ
ログラム、④ 日本語と教科の統合学習プログラム、⑤ 教科の補習プログラムを
組み合わせて、個別指導計画を立ててください。
　ア. 日本生まれのタイ人児童パワーポーンさんは、日本の保育園を経験しており、
　　　日本語には何も問題がないように見えます。周囲の日本の子どもたちとも
　　　同じように遊び、おしゃべりもしています。しかし、家庭内では母語であ
　　　るタイ語で生活をしていますし、ひらがな・カタカナ・漢字や、日本語の

書き言葉に触れる機会がありません。学校での日本語の読み書き学習や教科学習の準備が課題となっています。小学1年生の1年間の計画を考えてみてください。

イ．韓国人のパクさんは、中学2年生の秋に来日した生徒です。韓国での成績が良かったことと本人の強い希望によって、学齢どおり中学2年生に編入することになりました。高校受験まで1年半弱の計画を考えてみてください。

出典：アとイの事例は、齋藤 2011、141-142頁より。

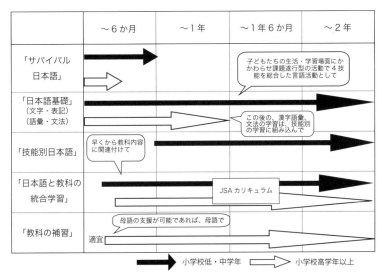

図4-1　コース設計、プログラムの組み合わせ例
出典：文部科学省 2019、34頁。

（2）特別の教育課程

　日本語指導については、現在では、特別の教育課程を編成することができるようになっている[1]。長い間、日本語指導が必要な児童生徒が増加している一方で、日本語指導は教育課程に位置づけられていなかった。そのため、児童生徒の実態に応じた指導体制が十分に整備されていない学校も多く、学校による指導の内容や体制に大きな違いがみられていた。また、放課後に課外授業として日本語指導を受けている児童生徒も多く、大きな負担となっていた。

そこで、全国で一定の質が担保された日本語指導を受けることができるよう、2014年4月に「特別の教育課程」の編成・実施を認めるような制度が導入されることになった。特別の教育課程は、児童生徒が日本語で学校生活を営み、学習に取り組めるようになるために、小中学校に在籍する日本語指導が必要な児童生徒を対象に実施される。日本語指導担当教員及び指導補助者が、年間10単位から280単位を標準として、在籍学校における取り出し授業を原則に指導計画を作成し、学習評価を実施し、その実績を学校設置者に報告することになっている。

　この制度の導入により、日本語指導の質や関係者の意識の向上、日本語指導体制の整備が前進することになった。

【概要】「特別の教育課程」の編成・実施について

1. 制度の概要
【平成26年4月1日に学校教育法施行規則の一部を改正】
第56条の2、第56条の3、第79条、第108条第1項、第132条の3

①指導内容：児童生徒が日本語で学校生活を営み、学習に取り組めるようになるための指導
②指導対象：小・中学校段階に在籍する日本語指導が必要な児童生徒
③指 導 者：日本語指導担当教員（教員免許を有する教員）及び指導補助者
④授業時数：年間10単位時間から280単位時間までを標準とする
⑤指導の形態及び場所：原則、児童生徒の在籍する学校における「取り出し」指導
⑥指導計画の作成及び学習評価の実施：計画及びその実績は、学校設置者に提出

2. 制度導入により期待される効果
○児童生徒一人一人に応じた日本語指導計画の作成・評価の実施
　→ 学校教育における日本語指導の質の向上
○教職員等研修会や関係者会議の実施
　→ 地域や学校における関係者の意識及び指導力の向上
○学校教育における「日本語指導」の体制整備 → 組織的・継続的な支援の実現

3. 支援体制

国の施策 →
【設置者】・学校への指導助言　・人的配置、予算措置　・研修の実施　等
【学　校】・学校教育への位置付け　・指導計画の作成、指導、評価　等
【支援者】・専門的な日本語指導　・母語による支援
　　　　　・課外での指導・支援　　　　　　　　　　　　　　　等

図4-2　「特別の教育課程」とは
出典：有識者会議 2016、16頁。

（3）JSL カリキュラムと在籍学級での授業づくり

　特別の教育課程をデザインする際にポイントとなってくるのが、取り出しによる日本語の初期指導から在籍クラスにおける教科学習へといかに移行していくかという点にある。こうした多文化クラスへの移行を促すために教科内容を

基礎に日本語指導の授業づくりを支援する JSL（Japanese as Second Language）
カリキュラムが開発されている。

　JSL カリキュラムは、「日本語指導の初期学習から教科学習につながる段階
までをカバーするもの」とされている。JSL カリキュラムは、日本語・教科統
合指導のモデル・カリキュラムとされるが、実際には、授業づくりを支援する
ための考え方や素材を集めたものといえる。JSL カリキュラムでは、外国につ
ながる子どもに対する授業づくりの考え方を解説するとともに、AU（Activity
Unit: 活動単位）カード、各教科の学習項目、主要概念、ワークシートの工夫、
日本語表現とポルトガル語、中国語等の主だった言語との対訳表などといった
カリキュラムや授業づくりに役立つ情報が整理されている。取り出しの日本語
指導においては、こうした JSL カリキュラムを活用して、在籍学級への移行を
促す授業づくりの充実が求められている。

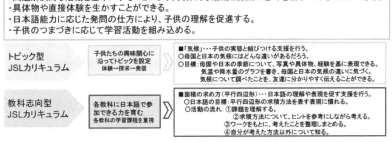

図4-3　JSL カリキュラムとは
出典：有識者会議 2016、44頁。

　さらに、外国人児童生徒は在籍クラスで過ごす時間が大部分であることを考
えると、在籍の多文化クラスにおける効果的な授業をデザインしていくことが
求められるだろう。そのためには、通常の授業のなかで、日本語の支援をしつ

つ、教科内容の理解とともに日本語能力の伸長をあわせてめざしていく必要がある。JSLカリキュラムなども参考にし、教科学習と関連づけながら日本語指導を進めていく授業づくりが求められるのである。

　外国につながる子どもたちの学力をつけるには、学習言語の支援がカギになる。授業のデザインにあたっては、わかりやすい授業を心がけ、例えば、授業の明確な展開、授業の冒頭での主要概念や用語の説明、理解しやすい教材や板書の工夫などが求められるだろう。同時に、教師は、やさしい日本語を使用して説明や発問、指示をしたり、発言の機会や子ども同士の話し合いの場面を多く設定したりして、外国につながる子どもたちが日本語を十分に活用できるような授業展開にしていく必要があるだろう。なお、こうした教科内容をベースにした授業づくりの詳細については、6章以降を参照されたい。

まとめ

　本章では、外国につながる子どもの学校や学級への受け入れについて検討してきた。議論したことをまとめると、以下の通りである。

- 学習指導要領には、海外から帰国した児童生徒、日本語の習得に困難のある児童生徒の指導について、①適応指導、②国際理解、③日本語指導に関しての言及がある。
- 外国につながる子どもの受け入れにあたっては、受け入れ時の面接などを通して、児童生徒の状況について十分に把握するとともに、教職員の共通理解のもとに日本語指導を含めた学校の受け入れ体制を整えることが必要である。
- 日本語指導の立案には、外国につながる子どもの日本語能力のステージや学校への適応の状況に応じて、前述した5つのプログラムを組み合わせながら、個別指導計画を立てることが必要である。

　外国につながる児童生徒を受け入れる際には、言語や文化などの多様なニーズを的確に捉え、学校への適応に配慮しながら受け入れ体制を整え、それぞれの段階に応じた日本語の指導や支援をデザインしていくことが必要である。

コラム　日本語指導教室と在籍クラス

　日本の教育現場のなかで、日本語指導教室と在籍クラスで実践されている授業を思い浮かべてみよう。ここでは、それらの学級で使われている日本語の違いに着目して、在籍クラスの授業への移行の課題について考えたい。

　2章においても検討したが、図4-4（70頁）のように、縦軸に認知的必要度（課題の困難さ）、横軸に場面依存度（言語が使用される文脈）をとると、Ⅰ、Ⅱ、Ⅲ、Ⅳの4つの領域ができる。日本語指導教室と在籍クラスは、Ⅰ～Ⅳの領域でいえば、どこに位置づけられるのかを考えてみたい。

　日本語指導教室の授業では、少人数において、やさしい日本語を使用し、サバイバル言語を培ったり、面と向かってコミュニケーションに従事したり、単純なゲームをしたり、低次レベルの質問に答えたりするなど、簡単で文脈的な手がかりが多い言語が使用される傾向にある。

　したがって、日本語指導教室の授業は、Ⅰ領域の学習活動が中心ということになろう。日本語の能力が十分でないことを理由に、わかりやすさを考えて、文脈的な手がかりが豊富で場面依存度が高く、比較的容易に回答のできる認知力必要度が低い課題を中心に授業が展開されているのである。Ⅰ領域は、図4-4のなかでは最も困難度の低い領域である。

　一方、在籍クラスの授業では、例えば、推論や批判的読みなどより高い読解スキルを活用したり、説明なしに算数／数学の読解問題を解いたり、内容教科で作文、随筆、研究レポートを書いたりすることが求められる。

　したがって、在籍クラスの授業は、Ⅳ領域の学習活動が中心ということになるだろう。教科等の授業は、日常場面とは遊離した場面依存度が低い状況で、分析、総合、評価などの高次思考を要求される認知的必要度が高い課題を中心に展開されているのである。図のなかでは、Ⅳは最も困難度の高い領域である。

　このようにみてみると、日本語指導教室と在籍クラスの間には、授業において使用される言語の点で大きなギャップがあることがわかる。第二言語学習者は、日本語指導教室から在籍クラスの授業に移行するには、最も困難度の低いⅠから最も困難度の高いⅣへの大きな飛躍が強いられることになるのである。日本語指導教室と在籍クラスの間には認知的な困難度の著しい開きがあり、こうしたニーズへの配慮がなければ、第二言語学習者は在籍クラスの授業において大きな壁に直面すること

になるのである。

　ギャップを埋めるヒントとしては、IIの領域にある活動がある。目に見えるように教えたり、実際に経験させたりするなど、IIの活動をブリッジにして、IからIVへのスムーズな移行が求められているといえる。

認知的必要度
低

I	III
・サバイバル語彙を培う。 ・実演された順序に従う。 ・簡単なゲームをする。 ・美術、音楽、体育、職業の授業に参加する。 ・面と向かった相互作用に従事する。 ・コミュニケーションの言語を練習する。 ・低次レベルの質問に答える	・予想できる電話の会話に従事する。 ・初期の読みの技能を培う。 ・メモ、リスト、レシピ等、個人的目的で読み書きする。 ・手順、形式、許可等、操作的目的で読み書きする。 ・低次レベルの質問に回答を書く。

高　場面依存度 / 場面依存度　低

II	IV
・学問的な語彙を使う。 ・視覚学習材や実演で学問的提示を理解する。 ・子どもが操作する科学的活動に参加する。 ・社会科で模型、地図、図、グラフをつくる。 ・算数／数学の計算問題を解く。 ・学問的な議論に参加する。 ・短い言葉によるプレゼンをする。 ・口語テキストを聞く高次理解機能を使う。 ・議論、説明、視覚学習材でテキストを理解する。 ・与えられた形式で簡単な科学や社会科のレポートを書く。 ・高次レベルの質問に回答する。	・視覚的な学習材や実演なしに学問的提示を理解する。 ・形式的な言葉による提示をする。 ・推論や批判的読みなどより高い読解スキルを内容教科の情報のために読む。 ・内容教科で作文、随筆、研究レポートを書く。 ・説明なしに算数／数学の読解問題を解く。 ・高次レベルの質問への回答を書く。 ・標準テストを受ける。

高
認知的必要度

図4-4　日本語指導教室（I）と在籍クラス（IV）で使用される言語

出典：Chamot & O'Malley 1987, p.238.

注

(1)「学校教育法施行規則の一部を改正する省令等の施行について（通知）（平成26年1月14日25文科初第928号）」

参考・引用文献

学校における外国人児童生徒等に対する教育支援に関する有識者会議「外国人児童生徒等教育等に対する教育支援に関する基礎資料（参考資料）」「学校における外国人児童生徒等に対する教育支援の充実方策について（報告）」平成 28（2016）年 6 月。

齋藤ひろみ編著『外国人児童生徒のための支援ガイドブック ── 子どもたちのライフコースによりそって』凡人社、2011 年。

文部科学省「小学校学習指導要領（平成29年告示）」https://www.mext.go.jp/a_menu/shotou/new-cs/1384661.htm（2020年9月30日確認）。

文部科学省「中学校学習指導要領（平成29年告示）」https://www.mext.go.jp/a_menu/shotou/new-cs/1387016.htm（2020年9月30日確認）。

文部科学省「【総則編】小学校学習指導要領（平成29年告示）解説」https://www.mext.go.jp/a_menu/shotou /new-cs/1384661.htm（2020年9月30日確認）

文部科学省「【総則編】中学校学習指導要領（平成29年告示）解説」https://www.mext.go.jp/a_menu/shotou /new-cs/1384661.htm（2020年9月30日確認）

文部科学省初等中等教育局国際教育課「外国人児童生徒教育研修マニュアル ── 外国人児童生徒の総合的な学習支援事業」平成26（2014）年1月。

文部科学省総合教育政策局男女共同参画共生社会学習・安全課編著『外国人児童生徒受入れの手引（改訂版）』明石書店、2019 年。

Chamot, A. U. & O'Malley, J. M.（1987）The Cognitive Academic Language Learning Approach: A Bridge to the Mainstream, *TESOL Quarterly 21(2)*, pp.227-249.

第5章

第二言語学習者の教育プログラム
──バイリンガル、SIOPとCALLAプログラム

《ポイント》

アメリカの ELL 児童生徒の学力向上をめざす教育実践では、教科内容を基礎に第二言語能力を伸ばす SIOP と CALLA の2つの授業づくりのモデルが注目される。

《キーワード》

アメリカ、ELL、ESL 教育プログラム、SIOP、CALLA

第二言語を学ぶ外国につながる子どもに、諸外国ではどのように対応しているのだろうか。移民を多数受け入れてきたアメリカ合衆国（以下、アメリカ）では、英語学習者である ELL（English Language Learner）の教育の多様な取り組みが進められてきた。とくに近年では、ELL 児童生徒の学力向上をめざす教育実践が模索されている。

本章では、アメリカにおける ELL 児童生徒を対象とする教育のアプローチを概観するとともに、在籍クラスでの授業をいかにデザインしていくのかに示唆的な SIOP と CALLA の2つの教育プログラムについて検討したい。

1. アメリカにおける第二言語学習者への教育アプローチ

（1）ELL 教育の多様なアプローチ

　人口の大部分が移民によって構成されるアメリカでは、多くのELL 児童生徒を抱えており、早くからさまざまな教育の試みが進められてきた。学齢期の第二言語学習者に対して、教科の内容とともに英語を習得していく課題に直面してきたのである。では、現在、ELL の子どもたちに対して、どのような教育が進められているのだろうか。その教育のアプローチを検討してみたい。

演習 1　ELL の子どもたちのための言語教育

　アメリカのELL の子どもたちのための言語教育には以下のものがあります。それぞれの教育アプローチについて調べて、どのようなアプローチなのかを検討してみましょう。

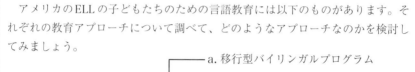

① バイリンガルプログラム
　　　　　　a. 移行型バイリンガルプログラム
　　　　　　b. 発達・維持型バイリンガルプログラム
　　　　　　c. 双方向バイリンガルプログラム

② シェルタード（教科統合）英語プログラム
③ 英語イマジョンプログラム
④ ESL 取り出しプログラム

1.　ELL の教育アプローチについて調べてきてください。アプローチによっては、動画投稿サイト（英語）で検索するとバイリンガル教育プログラムなどの動画をみることもできます。チェックしてみましょう。
2.　チームになり、調べてきたことを、パワーポイントのスライドを作成する要領で、A3 の紙 1 枚にペンで簡潔にまとめてみましょう。
3.　全体でプレゼンをして、話し合いましょう。

出典：中島 2010、99頁、106-121頁をもとに作成。

　家庭で英語以外の言葉が話されていて、英語能力が十分でないELL 児童生徒に対して、アメリカでは、ESL 教育あるいはバイリンガル教育が提供される。ESL とは、第二言語としての英語（English as a Second Language）の略称で、

ESL教育とは、第二言語としての英語を習得するために、英語を教授言語として指導する方法をいう。一方、バイリンガル教育は、母語と英語の2つの言語で指導する方法をいう。バイリンガル教育プログラムには、a. 移行型バイリンガルプログラム、b. 発達・維持型バイリンガルプログラム、c. 双方向バイリンガルプログラムなどがある（詳細は、36-38頁を参照）。

　資格をもった教師によるバイリンガル教育プログラムは効果が高いことが知られているが、いつでも実施可能であるとは限らない。ELL児童生徒の数が少ない場合、子どもの母語が複数の言語にまたがっている場合、それらの言語で教えることのできる教師がいない場合、法律でバイリンガル教育が禁じられている場合などは、バイリンガル教育をすることはできず、ESL教育が実施されることになる。

　ESL教育プログラムには、大きくは3つの形態がある。1つ目は、ELL児童生徒が在籍する通常クラスで英語力と教科内容の両方の習熟をめざすシェルタード方式のプログラムである。2つ目は、2001年のNCLB（No Child Left Behind）法（「落ちこぼれを作らないための初等中等教育法」）の規定により大きく増加したもので、ELL児童生徒のみの学級で英語能力の育成をめざすSEI（Structured English Immersion）プログラムである。3つ目は、ELL児童生徒を取り出してESL指導を一日のうち部分的に提供するELD（English Language Development）あるいはESL Pull-Outプログラムである。

　本章では、学力向上の観点から大きな成果を挙げているシェルタード方式のSIOPやCALLAといった内容ベースのESL（Content-based English as a Second Language）教育アプローチに注目する。

(2) ELL児童生徒と学力問題

　ここでは、ELL児童生徒をめぐるアメリカ教育の状況について概観しておきたい。

① ELL児童生徒の動向

　全国教育統計センター（NCES）の「教育の状況（The Condition of Education）」によれば、アメリカにおいてELL児童生徒の数は増加傾向にあり、2000年秋には約380万人（8.1%）であったものが、2017年秋には約500万人（10.1%）と

なっている。

　公立学校に在籍しているELLの全米における分布は図5-1の通りである。全児童生徒数におけるELLの割合が10%を超えている州は南部と西部に多く、アラスカ、カリフォルニア、コロラド、フロリダ、イリノイ、カンザス、ネバダ、ニューメキシコ、テキサス、ワシントンの10州となっている。続いて、6.0～9.9%は21州、3.0～5.9%は14州、3.0%未満は5州となっている。

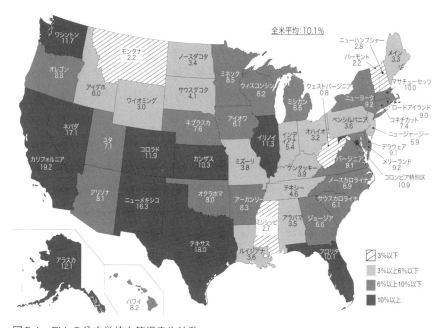

図5-1　ELLの公立学校在籍児童生徒数
出典：National Center for Educational Statistics（NCES）2020, p.1.

　家庭で最も使用されている言語は、スペイン語が最も多く、アラビア語、中国語、英語（英語と報告されていたもののなかで、多言語の家族、異なる言語を話す国からの養子を受け入れた家族）、ベトナム語、サモア語、ロシア語、ポルトガル語、ハイチ語・ハワイクレオール言語、モン語と続いている。

② ELL児童生徒と学力問題

　2001年のNCLB法の成立以来、ELL児童生徒をめぐっては、英語力の獲得

とともに学力向上が大きな課題の一つとなってきた。2015年における全米学力調査（NAEP）の得点を見てみると、ELLとそうではない児童生徒は、表5-1のように、4学年と8学年の数学、及び、4学年と8学年の英語の読解の得点において大きな格差がある。ELL児童生徒は、英語力の向上と教科内容の習熟という二重の課題をもっており、低学力の問題を抱えているのである。

表5-1　NAEPにみる得点の違い

	ELL児童生徒		ELLでない児童生徒	
	4年	8年	4年	8年
数学	218	246	243	284
読解	189	223	225	267

出典：https://www.nationsreportcard.gov/focus_on_naep/#/reports/english-language-learners/performance（2020年9月10日確認）をもとに作成。

(3) ESL教育と教科学習

　ELL児童生徒の学力を向上させるアプローチとして注目されている取り組みに、シェルタード方式の教育プログラムがある。シェルタード方式は、ELL児童生徒に教科の内容を理解させる方法の1つとして1980年代に提唱されたものである。シェルタード（sheltered）とは、保護するという意味である。NCLB法では、シェルタード方式による英語指導は次のように定義されている。

　　シェルタード方式による英語指導は、初級レベルを終了したELLが学年相当の教科内容、教科学習能力を伸ばすと同時に、英語力も同時に増進するための教授アプローチである。シェルタード方式による英語のクラスでは、教師は、教科内容が学習者によって意味のあるインプットとして学習者に伝わるように、明快で、直接的、簡単な英語を用いる必要がある。
　　またさまざまな支援（スキャフォルディングズ・ストラテジー）を用いて、学習者の英語の熟達度に見合った授業内容にすると同時に、教科内容を学習者の既存知識と結びつけ、学習者同士の共同作業を通して、カリキュラムの内容を常に復習しながら同年齢の英語母語話者と同じ学年レベルの教科内容を教授する必要がある。シェルタード方式はその一つの方法である。

出典：中島 2019、11頁。

　シェルタード方式による指導は、母語による指導がない環境で、ジェスチャー、写真などのさまざまな指導の工夫を行い、教科指導と並行して英語を

教えることに焦点が当てられる。

　その特徴として、①言語面の目標と教科学習面の目標がそれぞれ明確であること、②補助教材を完備していること、③さまざまなスキャフォルディング（学習者のための支援［足場かけ］）があること、④教師と児童生徒、児童生徒間の交流があること、⑤学習者にとって意味のある学習活動であること、が挙げられている（中島 2019、117頁）。ELL児童生徒が増加するなかで、シェルタード方式のアプローチは、児童生徒の学力を向上させるために大きな注目を集めている。

2. シェルタード授業観察表(SIOP) プログラムとは

(1) SIOP モデルの概要

　ここでは、シェルタード方式のアプローチの代表的な例としてまず、SIOPプログラムについて検討してみたい（松尾 2015）。

演習2　SIOP モデルとは

1. SIOP モデルについて、その特徴をまとめてみましょう。
2. SIOP モデルの8つの要素（①準備、②背景の構築、③理解可能な方法、④方略、⑤相互作用、⑥実践と応用、⑦授業実践、⑧振り返りと評価）を含む1時間の授業を構想してみましょう。

　SIOP モデルは、英語学習者に対して、英語を教授言語とした効果的な指導の枠組みを提供する全米でよく知られているシェルタード方式（教科統合）のアプローチである。カリフォルニア大学ロングビーチ校のJ. EchevarriaとM. E. Vogt、応用言語学センターのD. J. Short らの研究者が、全米教育省の補助金（1996～2003年）をもとに開発したものである。

　SIOP モデルは、8つの要素から構成されており、それらに関連する30の指導方略が示されている。SIOP は、教科内容と英語力の習熟を同時に進めるというもので、シェルタード式の指導を包括的にデザインするための枠組みを提供する。

表5-2　シェルタード授業観察表（SIOP）モデル

① 準備

1. 生徒とともに明確に定義され、提示され、見直された教科内容の目標
2. 生徒とともに明確に定義され、提示され、見直された言語学習の目標
3. 生徒の年齢や教育的背景に対応した学習内容の概念
4. 授業を明確で意義あるものにする補助教材
   （コンピュータープログラムやグラフ、モデル、視覚的資料など）
5. すべての生徒の習熟度に応じた教科内容（教科書、宿題など）の適用
6. 読み、書き、聞き、話すための言語実践の機会があり授業の概念を統合する有意味な活動（インタビュー、手紙書き、シミュレーション、モデルなど）

② 背景の構築

7. 生徒の背景にある経験に明確に結びつけられた内容
8. 過去に学んだ内容と新しい学習内容の間に明確につくられたつながり
9. 強調された基本的語彙（生徒がわかるように紹介する、書く、反復する、強調するなど）

③ 理解可能な方法

10. 生徒の習熟度に応じた言葉遣い（よりゆっくりとしたスピード、発話、初心者向けのシンプルな文章構造など）
11. 学習課題の明確な説明
12. 学習内容の概念を明確にする多様な技術（モデリング、視覚化、ハンズオン活動［触れたりさわったり体験したりする活動］、デモンストレーション、ジェスチャー、ボディランゲージなど）

④ 方略

13. 生徒が学習方略を使う十分な機会の提供
14. 生徒の学習理解を助け支援するのに一貫して使われる足場かけの技術（考えを声に出すなど）
15. より分析思考スキルを向上させる多様な質問や課題（文字上の、分析的、解釈的な質問など）

⑤ 相互作用

16. 授業の概念についての熟慮した反応を促す教師と生徒、生徒同士の相互交流や議論のための頻繁な機会
17. 授業での言語や内容目標を後押しするグループ形態
18. 一貫して提供される生徒の反応のための十分な時間
19. 援助者や同級生と、あるいは、第一言語テキストで必要な場合に、生徒が第一言語のキー概念を明確にするための十分な機会

⑥ 実践と応用

20. 生徒が新しい知識内容を活用する練習をするために提供されるハンズオンの教材や教具
21. クラスにおいて生徒が教育内容と言語的知識を活用するために提供される活動
22. すべての言語的技能（読み、書き、聞く、話す）を統合する活動

⑦ 授業実践

23. 授業実践によって明確に支持される内容目標
24. 授業実践によって明確に支持される言語目標
25. その時間の約90％〜100％の生徒の参加
26. 生徒の理解可能なレベルに適切な授業のペース

⑧ 振り返りと評価

27. 基本的語彙の総合的な振り返り
28. 基本的な学習内容の概念の総合的な振り返り
29. 生徒の成果について提供される定期的なフィードバック（言語や学習内容、課題など）
30. 授業のすべての目標についての生徒の理解と学習の評価（抜き打ちテスト、授業を通しての集団の反応など）

出典：Short 2013, p.120.

(2) SIOP モデルの授業づくり

　SIOP モデルは、①準備、②背景の構築、③理解可能な方法、④方略、⑤相互作用、⑥実践と応用、⑦授業実践、⑧振り返りと評価の８つの要素から成り立っている。教師はこうしたそれぞれに関連する指導方略を活用して、第二言語学習者の子どもの学習ニーズに応える手だてを盛り込み、授業をデザインしていくことができる。

　具体的には、①準備では、教科学習の目標と言語指導の目標の２つを設定し、評価、教材、学習活動を準備する。②背景の構築では、児童生徒の経験と内容、既習事項と新しい概念を結びつけ、カギとなる語彙を予習する。③理解可能な方法では、生徒の能力に応じた言葉遣い、学習課題の明確な説明、カギとなる概念を明確にするためのさまざまな方法を工夫する。④方略では、学習方略、支援（足場かけ）の技法、高次な思考スキルを助長する質問や課題を活用する。⑤相互作用では、発話を引き出し、内容理解や言語発達を促す発問やグループ活動を工夫する。⑥実践と応用では、教材の工夫、内容や言語の応用、読む・書く・話す・聞くを統合する活動を行う。⑦授業実践では、目的の実現に向けて実践する。⑧振り返りと評価では、カギとなる語彙、概念を復習し、評価を行い、フィードバックをする。

　SIOP モデルの特徴を整理すると、第一に、このモデルの８つの要素と30の学習方略を活用することで、シェルタード式の多様な授業づくりを可能にすることが挙げられる。第二に、SIOP は授業観察の際の評価表として活用することが可能であり、自己評価や教師同士の学び合いを促すツールとして利用することができる。第三に、このモデルは、ハンズオンの教材や協調学習を取り入れたもので、第二言語学習者だけではなく、すべての子どもにとっても有益なアプローチといえる。

3. 認知学習言語学習アプローチ（CALLA）モデルとは

(1) CALLA モデルの概要

　次に、シェルタード方式のアプローチとして、SIOP プログラムとともによく知られている、CALLA モデルについて検討してみたい（松尾 2011）。

演習 3　CALLA モデルとは

1. CALLA モデルについて、その特徴をまとめてみましょう。
2. CALLA モデルの 5 つの段階（①準備→②提示→③練習→④評価→⑤発展）を含む 1 時間の授業を考えてみましょう。

CALLA モデルとは、認知学習言語学習アプローチ（Cognitive Academic Language Learning Approach）という指導モデルをいい、1980 年代半ばの米国でA.Chamot と J. M. O'Malley によって開発されたものである。CALLA モデルとは、第二言語学習者の学力と言語能力をともに伸長させることをめざして、教科の内容を中心に授業を行い、足場かけとしての学習言語と学習方略とを意図的に指導する学習アプローチをいう。

CALLA モデルは、当初は、小学校の高学年から中学校の児童生徒までの、英語を流暢に話すことができるが、授業についていけない児童生徒を対象に考えられたものであった。それが、学校区レベルでのCALLA プログラムの実施が広がるなかで、初期レベルの英語学習者、リテラシーの低い中学生、バイリンガルプログラムにも有効であることが次第にわかってきたという。現在では、ESL 教師やバイリンガル教師だけではなく一般の教師たちにも活用されており、通常のクラスのとくに低学力の子どもにとっても効果的な指導であることが明らかにされている。

（2）CALLA モデルの 3 つの要素

CALLA モデルは、3 つの要素（①教科等の内容、②学習言語、③学習方略）から成り立っている。

第一に、教科等の内容を中心に授業づくりを行う。学年相当の教科等の内容に習熟することは、第二言語学習者にとっても学校における最も重要な目的である。そのため、言語指導のみを行うよりも、教科等の内容にもとづいて授業を行う方が、第二言語学習者の学習動機をずっと高めることができるのである。

第二に、学習言語の習熟をはかる。学習言語に習熟することは、教科等の内容を理解し、学力をつけていくには不可欠なことである。そのため、教科等の内容を学ぶ過程で、聞いたり、話したり、読んだり、書いたりする言語技能を

計画的に身に付けさせるように支援するのである。

　第三に、学習方略を意図的に指導する。学習方略の指導を統合しているところに、CALLA モデルの最も大きな特徴がみられる。研究においても、言語習得には、学習方略を身に付けている方がより効果的であることが知られている。さらに、学習方略を知っていることは、言語習得のみならず学習課題を解決していく際にも転移可能であるのである。

　以上のように、CALLA モデルの最大の特徴は、学習方略への着目である。教科等の内容と言語をともに学ぶのに加え、学習方略に習熟することで自らの学習を調整する自己教育力を育成することをめざしているのである。

(3) 指導の展開の５つの段階

　CALLA モデルを特徴づける柱として、教科等の内容、学習言語、学習方略の３つの要素とともに、指導の展開の５つの段階（①準備→②提示→③練習→④評価→⑤発展）がある。

　CALLA モデルの授業をつくる５つの段階の概要は次の通りである。①準備の段階では、トピックについての既習知識に気づくとともに、学習についての見通しをもつ。②提示の段階では、生徒の理解を促す足場かけを行いながら、内容、言語、方略についての新しい情報を生徒に指導する。③練習の段階では、小集団で協調学習を行うなどして、新しい情報をもとに言語や方略を活用して新しい学習内容の練習を行う。④評価の段階では、自分自身の学習のプロセスや成果を振り返る。⑤発展の段階では、学習したことを自らの文化に関連づけたり、学校外の世界で応用したりする。留意点は、以下の通りである。

CALLA モデルの５段階における留意点

(1) 準備（生徒は、新しい単元に関連する既有知識を見つけ、内省する。教師は、学習目標の概要を示し、必須の語彙を教え、背景となる知識をつけるために具体的な経験を提供する。）
- この内容のトピックについて生徒はすでに知っていることや関連した既知の経験をもっているのかをいかに明らかにするのか。
- このような課題に対してかれらがすでに知っている言語のスキルや学習方略

は何かをどのように知るのか。
- どの語彙が教えられる必要があるのか。
- いかなる先行オーガナイザーを生徒に授業の見通しとして与えればよいのか。

(2) 提示（新しい情報、技能、学習方略を提示して説明する。情報は生徒の異なる学習スタイルを考慮して多様な方法で提示される。）
- 生徒が概念を理解するには、この内容をいかに提示することが最もよいのか。
- どのような言語のスキルをかれらは活用するのか。
- どのような学習方略を私はモデルとして示し、説明し、活用するのに気づかせる必要があるのか。
- どのように指導を個別化することができるのか。

(3) 練習（生徒は新しい概念、技能、言葉、学習方略を活発にしばしば協調学習の活動を通して練習する。）
- どのような活動が、新しい情報を活用するのを支援するのだろうか。
- どの言語技能が、練習されているのか。
- 練習の活動の間に、どのように学習方略を活用するのか。
- かれらの練習の活動をどのように個別化することができるか。

(4) 評価（生徒は自分自身の学習を振り返り、情報や技能習熟のレベルを評価する。）
- 生徒が自分自身の言語、内容、学習方略の学習を評価するよりよい方法は何か。
- 指導の結果として、生徒が知っていることやできることをいかに知ることができるのか。
- この授業や単元の内容、言語、学習方略の目標に達したかどうかをいかに知ることができるのか。
- どの練習活動が評価として活用され、ポートフォリオに含まれるのか。

(5) 発展（生徒は既有知識を新しい情報に再構成し、知識や技能を新しい文脈に転移し、学んだことを自分自身の生活に応用する。）
- この授業のトピックを生徒の生活、文化、言語にどのように関連づけることができるのか。
- このトピックは他の教科等の内容の領域にどのように関連づけることができるのか。
- 親はどのような貢献をすることができるのか。
- かれらが学習したこと（内容、言語、学習方略）を新しい状況に転移するのを助けることができるのか。

Chamot 2009, pp. 92-93.

CALLA モデルは、教科学習という意味のある文脈のなかで、言語指導と学習方略を合わせて指導することで、言語能力とともに教科の学力の育成をめざしているのである。

まとめ

本章では、アメリカにおける ELL 児童生徒の教育を概観し、SIOP と CALLA の 2 つの教育プログラムについて検討してきた。本章の議論をまとめると、以下のようになる。

- アメリカでは第二言語学習者のニーズに応える多様な教育プログラムが開発されているが、言語のニーズに対応した長期的な支援を提供する教科内容をベースにした授業づくりが注目される。
- SIOP は、8 つの要素と 30 の学習方略を活用して教科内容と英語力の習熟を同時に進めるシェルタード式の授業づくりのモデルである。
- CALLA は、教科の授業で、言語指導と学習方略を合わせて指導することで、言語能力とともに教科の学力の育成をめざす授業づくりのモデルである。

これらの ESL 教育プログラムの考えは、日本語能力に課題をもつ外国人児童生徒の集住地域のみならず散在地域においても適用可能で、人数の多少にかかわらず、実施できる授業づくりのモデルといえる。日本においても、これらの児童生徒の日本語能力を高めるとともに、学力の向上を図っていくために、長期的な視点に立って教科をベースにした授業づくりが期待されている。

コラム　内容ベースのESL教育に関連したその他の概念

　CALLAモデルに影響を与えた考え方やアプローチには、例えば、以下のものが挙げられる（Chamot 2009, pp.12-16）。

(1) カリキュラムを越えたリテラシー：学校教育全体でリテラシーを育てる立場

　カリキュラムを越えたリテラシー（Literacy across the curriculum）モデルとは、すべての教科の内容領域で言語発達の活動を協力して行っていくことができるという考えである。読み書き能力としてのリテラシーは、国語という教科だけで育つものではなく、その他の教科を含めた学校全体の学習活動で培われるものであるとする立場である。そのため、各教科等の学習においては、共通の認識に立ち、一貫したリテラシーの育成が取り組まれることになる。

　この立場は、もともと英語の母語話者のために開発されたモデルであるが、内容ベースのESL教育も共通の哲学を有している。

(2) ホール・ランゲージ：活動の全体性を重視する言語教育の立場

　ホール・ランゲージ（whole language）は、言語は要素的に技能に分けるのではなく、一つの全体なシステムとして経験される必要があるという信念に基づく読み書き能力開発のアプローチである。

　ホール・ランゲージでは、話す、聞く、読む、書くなど身に付けるべき内容を分析して系列化し、各要素を段階的に学習するといった従来のやり方に対し、全体的な言語活動に着目して総合的に言語能力を育成しようというものである。そのため、学習活動としては手紙、文書、日記などほんもののテキストを使い、教師による読み聞かせ、ジャーナル、黙読、テキストや書いたものについての児童生徒と教師の話し合いなどが含まれることになる。

　内容ベースのESL教育は、ホール・ランゲージと多くの考え方を共有しており、指導のプロセスや学習方略をより重視している。

(3) 協調学習：小集団で協力して問題解決する学習アプローチ

　協調学習（cooperative learning）とは、学習者による小集団をつくり、集団の成員が学習課題を協力して解決していく学習法をいう。

協調学習にはさまざまなやり方があるが、小集団のメンバーの間の問題解決に向けたコミュニケーションが中心となる。協同学習は、小集団の仲間との間で、教科等で学習した新しい内容を言語を使って活用したり練習したりする機会を提供するものである。

　内容ベースのESL教育では、さまざまな授業の場面で、母語の話者と第二言語学習者が言語活動をともに実践する機会をつくるために協同学習を重視している。

(4) その他：プロセスライティング、探究アプローチ、言語経験アプローチなど

　その他にも、CALLAモデルに影響を与えた概念として書く内容を考え、原稿草案を書き、見直し、修正するといった書き方を学ぶワークショップ型の学習法であるプロセスライティング (process writing)、問題の設定・追究・解決など問題解決を通して学習を進める探究アプローチ (inquiry approach)、話したことを書き取り、書き取ったことを読みのテキストとして活用する言語経験アプローチ (language experience approach)、州や地方で設定された教育内容やパフォーマンスの評価基準を基礎に指導を行うスタンダードに基づく指導 (standard-based instruction) などが挙げられている。

参考・引用文献

中島和子編著『マルチリンガル教育への招待 ── 言語資源としての外国人・日本人年少者』
　　ひつじ書房、2010年。
松尾知明「外国人児童生徒と学力保障 ── CALLAモデルによる授業づくり」国立教育政策研
　　究所編『国立教育政策研究所紀要』第140集、2011年、201-211頁。
松尾知明「アメリカ合衆国におけるELL教育と学力向上の試み」研究代表者大野彰子「外国人
　　児童生徒の教育等に関する国際比較研究　報告書」(2013 ～ 2014年度国研プロジェクト研
　　究)、2015年、87-94頁。
Chamot, A. U. & O'Malley, J. M. (1994) *The CALLA handbook: Implementing the
　　Cognitive Academic Language Learning Approach*, Addison-Wesley.
Chamot, A. U. (2009) *The CALLA handbook: Implementing the Cognitive Academic
　　Language Learning Approach* (2nd ed.), Pearson Education.
Short, D. J. (2013) Training and Sustaining Effective Teachers of Sheltered Instruction,
　　Theory Into Practice 52, pp.118-127.
National Center for Educational Statistics (NCES) (2020) English Language Learners in
　　Public Schools, *The Condition of Education* 2020. https://nces.ed.gov/programs/
　　coe/pdf/coe_cgf.pdf (2020年9月26日確認)

第6章

教科ベースの授業づくり
——考え方と進め方

《ポイント》
　第二言語の学習が必要な外国につながる子どもには、教科内容をベースにしながら、学習言語と学習方略の指導を意図的にデザインする教科ベースの授業づくりを進めていくことが有効である。

《キーワード》
　教科内容、学習言語、学習方略、授業づくり

　外国につながる子どもは、取り出しの授業を受けている場合でも、在籍クラスで多くの時間を過ごしている。また、これらの児童生徒は、日本語の初期指導を終えても、授業において学習言語の指導をかなりの期間にわたって継続することが求められる。そう考えると、第二言語を学習する子どもが学力をつけていくためには、在籍クラスにおいて教科学習の支援を工夫するとともに、日本語能力を高める授業のあり方を追究していく必要があるだろう。

　本章では、アメリカのESL教育プログラムの事例を参考にしながら、第二言語学習者のニーズに対応した教科ベースの授業づくりの考え方・進め方について検討したい。

1. 教科をベースにした授業づくりとは

(1) 教科ベースの授業の必要性

　第二言語の学習が必要な外国につながる子どもたちには、なぜ教科をベースにした授業づくりが望まれるのだろうか。

演習1　教科ベースの授業はなぜ必要か

> 　日本語指導が必要な子どもたちにとって、在籍クラスにおいて教科をベースにした授業づくりをしていくことが、どのような理由で必要とされるのかを考えて箇条書きにしてみましょう。教科の学習や日本語の習得をめぐって、日本語指導教室での取り出しの授業を受ける場合と比較して考えるとわかりやすいです。

　教科をベースにした授業づくりが望まれる理由には、例えば以下の3つが考えられる（Chamot 2009, pp.20-22）。

　第一に、学年レベルで習熟することが期待される知識や技能にアクセスすることができるからである。取り出しで日本語指導をすると、その時間の在籍クラスでの教科学習の機会を奪ってしまうことになる。一方、教科内容を基礎に授業をつくれば、教科の内容を学ばせながら、日本語をあわせて指導するといった工夫ができる。そうすることで、第二言語学習者である児童生徒には、日本語の学習に加え、教科の知識や技能を学習する機会へのアクセスが可能になるのである。

　第二に、言語の学習のみを目標とする場合よりもずっと大きな学習への動機づけとなるからである。教科内容は、同学年の児童生徒すべてが身に付けることが期待されているものである。第二言語を学習する子どもたちにとっても、取り出しの授業で日本語の練習を繰り返すよりも、学年相当の学習内容の理解をめざして、在籍する教室で教科内容をベースに授業を進めることの方がずっと意欲的に学習に取り組むことができるといえる。

　第三に、ほんものの日本語学習の場を提供することになるからである。外国人児童生徒は日本語を単に練習するだけではなく、教科をベースに授業をつくることで、内容を学ぶというリアルな文脈において日本語で読み、書き、聞き、

話す機会を提供することができるようになる。教科ベースの授業は、内容を学ぶために日本語が使用されるという在籍クラスでの必然的な状況のなかで、日本語能力を高める効果的な学習の場を提供することができるのである。

　以上のように、教科をベースにした授業づくりは、第二言語学習者が日本語を学ぶとともに学力をつけていく有効なアプローチといえる。

(2) 授業の基本的な枠組み――内容、言語、方略

① 授業づくりの構成要素

　では、教科ベースの授業づくりとはどのようなものだろうか。

　教科ベースの授業は、内容、言語、方略の3つの要素で構成されている。ここでは、内容、言語、方略の関係を図6-1のように捉えたい。

　すなわち、授業における学習活動を考えると、当然のことながら各教科等の内容を中心に構成されることになる。一方で、学習は、話す・聞く・読む・書くなどの言語活動を伴うので、言語もまた学習活動の主要な部分を占めることになる。また、学習を進める際には、さまざまな学習方略を活用しているため、方略もまたその一部を構成することになる。

　このように考えると、授業というものは、内容、言語、方略の3つの要素が含まれるということがいえる。

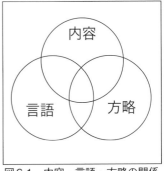

図6-1　内容・言語・方略の関係
出典：筆者作成。

② 教科ベースの授業づくりのモデル

　本書では、教科ベースの授業づくりにあたって、CALLA モデル（5章を参照）を参考に、教科等の内容をベースにしながら、言語と方略を意図的に指導するアプローチを提案したい。

　第二言語学習者は、在籍クラスで実施される授業において、日本語という大きな壁に直面する。2章で検討したように、教科等の学習場面における話す、聞く、読む、書くといった言語活動は、文脈的な手がかりが少なく、認知的な困難度が高いため、授業についていけない状況を生んでいる場合も多い。かれ

らの学習言語能力の不足が授業の理解を
阻んでいるといえる。

　そこで、教科ベースの授業デザインで
は、各教科等の学習活動を進める際に、
図6-2のように、授業がわかるための足場
かけとして、学習言語と学習方略を意図
的に活用することにしたい。学習言語の
理解や表現を支援しつつ、学び方を学ん
でいくことで、日本語能力を高めつつ内容
の理解を促していくのである。

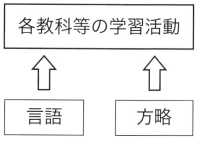

図6-2　教科ベースの授業づくり
出典：筆者作成。

　教科ベースの授業づくりのポイントは、授業の理解や学習への参加を促すた
めに、学習言語及び学習方略に着目して授業を構想することにある。

2. 教科ベースの授業をデザインする

　では、第二言語を学習する子どもに、教科ベースの授業をどのようにデザイ
ンしていけばよいのだろうか。授業づくりの基本単位である単元レベルにおけ
る授業デザインのプロセスについて検討してみたい。

演習2　教科ベースの授業デザイン

　多文化クラスで教科の授業をデザインする際には、どのようなことに配慮すれ
ばよいのでしょうか。(1) 子どもの既有知識の把握、(2) 教育目標の設定、(3) 教
材の決定、(4) 学習活動の組織について、どんな事柄に留意することが必要であ
るのかについて思いつくものを箇条書きにしてみましょう。

(1) 子どもの既有知識を把握する
① 外国につながる子どもの既有知識

　授業とは、教育目標の達成をめざして、教師が教材を媒介に子どもに働きか
ける営為である。授業づくりのポイントの1つ目は、目標を実現するために、
単元で指導する内容と子どもの実態（既有知識）との間のズレを的確に捉えるこ

とにある。既有知識を把握するにあたっては、単元で扱う内容の観点から、子どもの実態を把握することが重要である。

　外国につながる子どもたちは、言語的・文化的に多様で、異なる生活や教育の経験を持っており、学習へのアプローチの仕方もさまざまである。授業づくりにあたっては、これらの多様な子どもの背景や実態を考慮に入れながら、単元の学習内容の視点から既有知識を把握することが必要になる。これらの子どもは、第一言語や母文化での経験を含め、授業の題材に関連して何らかの既有の知識や概念を形成していると考えられる。授業で扱うテーマについて、質問をしてみたり、問題を解かせたり、知っていることを書かせたりするなどのさまざまな手だてをとりながら、既有知識を的確に捉えておく必要がある。

② 子どもの実態把握のポイント

　子どもの実態把握には、例えば以下の方法がある。

・観察と記録：日常的な観察により生活や学習の記録をとり、子どもの興味や関心、好き嫌い、意識について把握するように努める。
・自己評価：外国につながる子ども自身に、授業のテーマをめぐって何をどのくらい知っているのかの自己評価をさせる。
・授業での質問：テーマについて授業のなかで挙手をさせたり、ペアや小集団で話し合いをさせたりしてすでに知っている事柄を把握する。
・アンケートとテスト：単元の内容についてアンケートを実施したり、簡単なテストをしたりしてレディネスを捉える。
・まったく経験や知識のない事柄などについては、時間をとって学習に入る前に具体的な経験をさせる。

　なお、必要に応じて、子どもの第一言語を活用することが効果的である。例えば、子どもの母語と日本語の両方が堪能な児童生徒、保護者や地域のボランティア、NPO の関係者、バイリンガル支援員などに協力を求めることが考えられる。かれらの支援を得て、聞き取りや話し合いの場面においての通訳、簡単なテストやアンケートの翻訳などを依頼することで、既有知識の把握に向けた貴重な情報を得ることが可能になる。

(2) 単元の目標を設定する

① 単元目標を設定する視点

　授業づくりのポイントの２つ目は、内容、言語、方略の３つの目標を設定することである。子どもの実態を捉えると次に、長期指導計画、学習指導要領、教科書などを手がかりにしながら、単元の目標を設定することになる。目標の設定にあたっては、単元の学習を通して、どのような学力形成をめざすのかを明確にしておくことが不可欠である。学力形成を捉える評価規準を設定し、到達目標を明らかにしておくことが求められる。

　ここで留意したいのは、既有知識を踏まえて、目標を設定するということである。単元で指導する内容と子どもの実態の間のズレに着目して、単元の目標を設定することが重要である。単元でめざすものと実態とのズレを検討することから、そのズレを埋めることのできる具体的な手だてや方策を考えて、単元の目標を明確に記述することが期待される。

　このような視点に立ち、教科ベースの授業づくりでは、教科等の内容、学習言語、学習方略を指導する。そのため、これら３つの目標を設定することにしたい。

② 教科等の内容、学習言語、学習方略の目標設定のポイント

　教科等の内容、学習言語、学習方略をめぐる目標設定のポイントは、以下の通りである。

・教科等の内容の目標設定：長期指導計画、学習指導要領、教科書などにある目標や内容を手がかりにしながら設定する。
・学習言語の目標設定：言語の知識、及び、言語の表現について、単元の指導内容を分析することを通して設定する。言語の表現については、JSL カリキュラム日本語表現一覧（205-208 頁）を参照する。
・学習方略の目標設定：メタ認知方略や課題に基づく方略について、単元の指導内容を分析することを通して設定する。学習方略については、学習方略一覧（127-131 頁）を参照する。

（3）教材を選択・開発する

① 教材を選択・開発する視点

　授業づくりのポイントの3つ目は、指導内容に適切な教材の選択、あるいは、教材の開発をすることである。単元の教育目標が設定されると、その目標に迫るために、どのような教材を活用するかを決定することになる。目標を達成するためには、児童生徒の実態を踏まえて、いかなる教材を用いるかが問われることになる。

　ここでの留意点は、その教材は、目標をきちんと反映しているか、わかりやすい内容か、子どもの興味関心を引くものになっているか、文化の違いに配慮した内容になっているか、子どもの日本語能力を踏まえているかなどといった点である。教科書を比較検討したり、その他の教材を探したり、適切なものがない場合には、リライト教材を含め自分で教材を作成したりすることになる。目標を実現するためには、目標に照らして、適切な教材を選択したり開発したりすることがきわめて重要になってくる。

② 教材選択・開発のポイント

　教材の選択・開発のポイントは、以下の通りである。

- 教材の選択：教科書についてはより使いたい他の教材があれば、場合によっては、教科書の教材を差し替えることが考えられる。また実物、映像、写真、図絵、副読本、資料集、参考書、辞書、その他の教材を活用する、学習の経験やハンズオン活動を提供するために効果的な教材を収集する、あるいは、教科書をわかりやすい日本語で書き直したリライト教材を活用するなどの工夫が考えられる。
- 教材の開発：子どもの実態に応じて、ときには、生活の中から教材を掘り起こしたり、教材を自作したりすることも考えられる。必要に応じてリライト教材を作成することも考えられる。教材の開発にあたっては、外国につながる子どものもつ文化と関連づけると効果的だろう。

（4）学習活動を組織する

① 学習活動を組織する視点

　授業づくりのポイントの４つ目は、学習過程の効果的なデザインについてである。目標も決まり教材が選択されると、学習活動をいかに組織するのか、実際の授業における指導の展開を考えることになる。授業の展開は教科等の特色によって異なるが、大きくは導入、展開、まとめといった流れとなる。

　授業の導入では、つかみと見通しをもたせることが重要である。実物や視聴覚教材、体験活動、関連するエピソードなどを工夫して導入をし、興味・関心や知的好奇心を喚起する。また、既習事項を確認するとともに、それに関連づけて本時のめあてと内容を提示して、見通しをもたせる。

　授業の展開では、主体的・対話的で深い学びをデザインすることが重要である。山場となる活動を設定し、思考する十分な時間、小集団やクラスで対話する機会をつくり、学習活動の展開を工夫することなどがポイントになる。

　授業のまとめでは、学びの振り返りと指導内容の活用や次時の授業の予告などへの配慮が重要である。学習を振り返り、何を学んだかを確認するとともに、学んだことを生活や社会のなかで応用したり、次回の授業へつなげたりすることなどに留意することが大切である。

② 学習活動を組織するポイント

　授業場面での学習活動を組織するポイントについては、以下のようなことがある。

1）導入

- 既有知識の把握：トピックや方略について話し合ったり、チェックリストなどを活用したりする。
- 興味・関心の喚起：実物、模型、動画、絵、図、資料、体験、ゲーム、クイズ、お話、興味深いエピソード、ゲストスピーカーなど、導入を工夫することで、児童生徒の興味・関心を高める。
- 学習の見通し：学習目標をわかりやすく示したり、先行オーガナイザー（内容の理解を促すために前もって与えられる情報）を提示したり、あるいは、重要な語彙を学習したりする。

2) 展開

- 主体的・対話的で深い学び：言語活動、体験活動、問題解決学習、協調学習、ICT の活用などを工夫する。
- 足場かけ：実物・デモンストレーション、図・絵・写真などの視覚的ヒント、具体物の操作の経験などを活用する。また、やり方について教師によるモデリングを行う。
- 言語活動の練習：ペアや小集団による協調学習の活動を取り入れることで、言語学習者と母語の話者が学び合う機会をつくる。
- 学習方略の練習：対象となる学習活動において、学習方略を十分に活用する学習状況をつくる。

3) まとめ

- 学習活動の振り返り：板書をもとにまとめたり、重要な点を強調したり、学んだことを書かせたりして学習を振り返らせる。
- 新しい情報や技能の活用：同じ教科の他の単元、他の教科等の授業、あるいは、家庭での学習で、学んだことを活用させる。
- 学習の展望：本時の内容に関連させ、次の時間の予告をする。

3. 教科ベースの授業を実践する

　では、学習指導案にもとづいて、どのように教科ベースの授業を実践していけばよいのだろうか。

演習3　教科ベースの授業実践

　多文化クラスで授業を実践する際には、どのようなことに配慮すればよいのでしょうか。(1)授業の準備、(2)授業の実施の観点から、どんな事柄に留意する必要があるのかについて、思いつくものを箇条書きにしてみましょう。

(1) 授業の準備

　では、実際に授業をする際には、どのような準備をすることが外国につながる子どもたちの支援になるのだろうか。例えば、以下のような手だてが考えられる。

① 教材の加工

　まず、教材の準備を工夫することが考えられる。具体的には、日本語の能力に応じて、教科書やワークシートなどの漢字に振り仮名をつけておくことが挙げられる。その際には、日本人の児童生徒の協力を得ることも考えられる。また、単元に出てくる主要な概念などのキーワードについて、訳語を児童生徒の母語で調べておくことなども効果的である。もし出身国において既習の概念であれば、転移によりすぐに内容を理解することができる。

> 〈教材の加工の例〉
> ・漢字に振り仮名をつける。
> ・重要ではない文字情報は省く。
> ・カギとなるような語彙に関しては、可能であれば母語訳を添える。
> ・図式化することなどにより、情報を分かりやすく表現する。
> ・ことば以外の伝達方法による情報も準備する。

　　出典：JSLカリキュラム研究会 2005、31頁。

② ワークシートの工夫

　次に、ワークシートを工夫することが考えられる。例えば、学習の展開に従った構成、絵や写真などの利用により、授業の流れや内容をわかりやすく示すことができる。また、穴埋め式や選択肢の問題の挿入、主要な表現のパターンやモデルの提示などにより、キーワードを記憶したり、基本的な表現の仕方を学習したりすることもできる。

> 〈ワークシートの工夫〉
> ・学習の展開をワークシートの構成に反映させる。
> ・重要な学習内容が作業の結果として残るようにする。
> ・絵や写真、記号などを利用し、理解や表現を容易にする。
> 　例）ことばと写真や絵を結ばせる形式で回答させる。
> 　　　選択肢を示してそれを書き写させるなど
> ・ことばによる表現を求める場合は、ヒントをふんだんに盛り込む。
> 　例）穴埋め式などで表現する内容を限定する。
> 　　　型（表現のパターン）を提示する。モデルとなる例を示す。

　　出典：JSLカリキュラム研究会 2005、32頁。

③ その他

　授業の準備にあたっては、外国につながる子どもの必要に応じて、発問、指示、説明、板書、ノート、机間指導、指名、活動などの計画を工夫して準備しておく。

(2) 授業を進めるポイント

　多文化クラスでは、どのようなことに留意して授業を進めていけばよいのだろうか。例えば、以下のような配慮する手だてがある。

① 日本語の支援

　ア．理解の支援

　1) 発問・説明・助言・指示：教師は授業において発問・説明・助言・指示などの発話をするが、その際には複雑な表現は避け、やさしい日本語を使うことが重要である。例えば、一文は短くする、ゆっくりはっきりと話す、できるだけ平易な言葉や表現に心がけることなどが大切である。また、学習場面に応じた基本的な言い回しの型などを示し、表現を支援することも効果的である。

　2) わかりやすい授業展開：授業の流れや構造がわかりやすいようにすることが大切である。教科の特性に応じて基本的な授業の進め方を設定したり、授業を分節化して区切り方を明確にしたり、発問を構造化したりすることが考えられる。

　3) 板書の工夫：板書を工夫することも重要である。板書計画に従い、授業の流れが一目でわかるように書くことが大切である。また、絵や図、カードなどを活用し、視覚的にわかりやすいように工夫すると効果的である。

　4) ICT の活用：パソコン、タブレット、電子黒板などのICT を効果的に活用することが大切である。一斉指導においては、動画や画像、パワーポイントのスライドを用いたり、実演したり、画面に書き込んだりと、興味関心を引きつつ、わかりやすく提示することができる。個別学習においては、パソコンソフトによるドリル学習やインターネットを活用した調べ学習などを用いることで自分のペースで学習を進めさせることができる。

5) 評価：外国につながる子どもの状況を的確に把握することが大切である。授業場面では、机間指導を工夫して児童生徒の表情や反応を見たり、ノートやワークシートを確認したりして、理解の状況を把握する必要がある。また課題、テストなどにより子どもの学力形成の状況を把握することも求められる。

イ．表現の支援

1) モデルや言い回しの提示：表現しやすくするために、モデルや言い回しの型を示し、練習させることが挙げられる。例えば、文例として表現の仕方を提示して、基本的な表現について練習させるようにする。

2) ペアや小集団活動：ペアや小集団での学習活動で、日本人と外国につながる子どもが学び合う場面をつくることが大切である。教科学習の場で、話し合い活動を設定することで、語彙や言い回しを練習することができる。また、協働する活動を通して、異なる文化をお互いに学び合う機会をつくることもできる。ICT を活用して小集団学習をすれば、画面を共有しながら話し合うことなどで意欲を高めることもできる。

② 学習方略の支援

学び方を学ぶ機会をつくることが重要である。学習方略には、メタ認知方略と課題に基づく方略があるが（8章を参照）、そのような学習の方法を身に付ける場を設定することが効果的である。学習方略を身に付け、自律的な学習者になることで、日本語能力の不足をおぎなって学習に参加することができるようになる。

まとめ

本章では、第二言語学習者に対する教科ベースの授業づくりの考え方・進め方について検討してきた。議論したことをまとめると、以下の通りである。

- 教科をベースにした授業づくりは、内容、言語、方略から構成されており、第二言語学習者が日本語を学ぶとともに学力をつけることをめざすのに有効なアプローチである。
- 単元レベルの授業づくりにおいては、第二言語学習者のニーズに応えて、既有知識の把握、単元目標の設定、教材の選択・開発、学習活動の組織を工夫することが求められる。
- 授業の実践にあたっては、言語や方略の支援の視点から、教材やワークシートなどを準備し、発問・説明・助言・提示、板書、ICTの活用、ペアや小集団活動、学習方略、評価などを工夫することが必要である。

　第二言語を学ぶ外国につながる子どものいる多文化クラスにおいては、学習言語と学習方略の支援を工夫した教科ベースの授業づくりを進めていくことが期待されているのである。

コラム　Ａ教師の教育実践（1）――外国人生徒への働きかけ

〈優秀な教員の枠組み〉

　中学校において優秀な教師は、外国人生徒の状況や課題をどのように理解しているのか。外国人生徒のニーズに応えて、何にどう取り組んでいるのか。外国人生徒を支援するために、他の教師や保護者にいかに働きかけているのか。そのような教育実践を支えている「枠組み」とはどのようなものなのか。東海地方のＢ中学校に在籍するＡ教師を対象とした参与観察およびインタビューをもとに、優秀な教員のもつ枠組みを明らかにしたい。

　Ａ教師は、「はじめに」の冒頭でも取り上げたが、ペルーとメキシコでの海外滞在経験があり、スペイン語が堪能である。また、自らが海外で子育てをした経験をもつ。ここでは、外国人生徒への働きかけを見ていきたい。

〈外国人生徒への働きかけ〉

　Ａ教師は、一人ひとりの生徒の進路を見据えた指導を重視している。ルイザ（3頁）

のようなロールモデルを育て、生徒たちに直接語ってもらう機会をつくり、何が可能でそのためにはどうしていけばよいのかのイメージをもたせるような形で支援している。それと同時に、進路についての現実的な判断を促している。学力調査の結果をもとに生徒全体における位置を示し、これまでの外国人生徒の実績と比較して、いずれの高校への進学が可能かを考えさせながら指導を進めている。

　また、Ａ教師は、外国人生徒たちと個別に関わりながら、ニーズの把握を試みている。Ａ教師は、昼休み、取り出しのない時間帯、その他、時間を見つけては、校舎内外を歩き回る。外国人生徒に近寄っては雑談をかわし、何かあれば指示をしたり、相談にのったりする。Ａ教師が通ると、生徒の方から近づいてくる姿もよくみられる。ふれあい教室は外国人生徒の居場所になっており、休み時間や放課後に訪れる生徒も多い。親と過ごす時間が短い生徒も多いため、スキンシップを大切にしながら関わっていく。このような日常的な生徒との交流を通して、今何が起きているのか、今何が必要なのかを探り、外国人生徒たちの個別のニーズを把握して生徒理解に努めている。

　学習支援の計画や実施にあたっては、きめ細かな配慮がみられる。計画の段階では、入学当初に、小学校からの書類やその他の資料等をもとにして、基本情報を載せた個人カルテを作成する。また、最初の約１か月、Ａ教師は入学してきた外国人生徒の在籍するクラスを回り、授業のノートが取れているか、学習活動に参加できているか、教科内容が理解できているか等の把握を試みる。これらの情報をもとに、生徒の学習状況を分析して最も効果的な支援を考え、バイリンガルの支援員や補助者等の協力を得ながら、一人ひとりに合わせた個別の支援計画を構想する。また、進路について本人や保護者の希望を把握しつつ、計画をさらに練り上げていくという。

　学習支援の実施では、外国人生徒の学習や生活の基盤である在籍学級の授業についていくことをめざして、取り出し指導、入り込み指導、補習を実施している。取り出し指導では、既存の教材を活用したり、リライト教材を作成したりして、ニーズに応じた個別の教材を準備する。また、教科担当の協力を得て、在籍学級の内容に沿う進め方を相談したり、教材を借りたり、ときには補習してもらったりする。生徒の文化的な背景も考慮に入れ、できるだけ出身国の歴史、文化、社会に関連づけながら、興味関心を引くような形で学習支援を行っている。入り込み指導は、取り出し指導のない時間帯に、教室を回り自由に入り込んで、外国人生徒の学習の状況を観察し、必要に応じて指導をしている。外国人生徒たちからも合図してＡ教師

を呼び、教えてもらう姿がよくみられる。Ｂ学校では、このようなＡ教師による入り込み指導は当たり前になっており、いずれの教科担当の教師も気にしている様子はみられない。補習については、外国人生徒を対象に、ふれあい教室で放課後や長期休暇期間中に実施している。補習への参加は自由であるが、中間テストや期末テストの準備、あるいは、高校入試の準備に向けた補習には参加者が多い。

　以上のように、外国人生徒に対するＡ教師の特徴的な働きかけには、1）進路を見据えた指導、2）個別ニーズへの把握、3）きめ細かな学習支援の計画と実施、といったものがある。

参考・引用文献

JSL カリキュラム研究会・池上摩希子『小学校「JSL 算数科」の授業作り』スリーエーネットワーク、2005年。

松尾知明「文化的多様性の実践と教師の力量形成―外国人集住地域における中学校教師の実践」異文化間教育学会編『異文化間教育』第35号、2012年、50-65頁。

松尾知明『新版 教育課程・方法論―― コンピテンシーを育てる学びのデザイン』学文社、2018年。

文部科学省「学校教育における JSL カリキュラムの開発について（最終報告）小学校編」平成15（2003）年7月、https://www.mext.go.jp/a_menu/shotou/clarinet/003/001/008.htm（2020年9月10日確認）。

Chamot, A. U.（2009）*The CALLA Handbook: Implementing the Cognitive Academic Language Learning Approach*（2nd ed.）, Pearson Education.

第7章

授業づくりと学習言語
──理解と表現の支援

《ポイント》

　多文化クラスの授業づくりでは、学習言語に焦点をあて、わかる授業にするための理解の支援、授業に参加するための表現の支援を進めていくことが求められる。

《キーワード》

　教科、学習言語、理解、表現

　第二言語を学習する外国につながる子どもたちが、授業がわかり学習に参加するためには、学習言語についての支援を工夫することが求められる。日本語能力の不足を補う手だてをとることで、授業での理解と参加を促すとともに、読み、書き、聞き、話すといった言語活動を通して学習言語の力をのばしていくことが期待される。

　本章では、外国につながる児童生徒に対して、学習言語の支援をどのようにデザインしていけばよいのかについて検討したい。

1. 学習言語に着目した授業づくり

（1）学習言語を指導する理由

　では、外国につながる子どもたちにとって、なぜ在籍クラスにおいて学習言語に着目した授業づくりが望まれるのだろうか。

演習1　学習言語に着目した授業づくりはなぜ必要か

1. 学習言語に着目した授業づくりは、日本語指導が必要な子どもたちにとって、どのような理由で必要とされるのかを考えて箇条書きにしてみましょう。
2. 学習言語とは、具体的にはどのような言葉を指すのでしょうか。69-70頁を読み、日本語指導学級で使用される日本語と在籍クラスの教科学習で使われる日本語にはどのような違いがあるのか、在籍クラスの授業で必要な学習言語の特徴について、具体的な例をあげて400字で説明してみましょう。

　教科の授業において学習言語を指導する理由として、ここでは以下の3点を挙げておきたい（Chamot 2009, pp.39-42）。

　第一に、教科内容を身に付けるためのカギになるからである。教科の学習では、重要な概念、語彙、独特のディスコースなどの言葉やフレーズが学習される。こうした学習言語は、教科の内容を理解する上での基礎となるものである。したがって、学習言語を意図的に指導することで、教科内容の理解を促すことができるのである。

　第二に、学校外では通常学習されないからである。日常言語は毎日の生活のなかで身に付けることができるが、教科に特有の学習言語は、ほとんどの場合、教室のなかでしか使われることがない。そのため、授業において、教科内容に対応した4技能（聞く・話す・読む・書く）の学習活動を経験することによってのみ、教科に特有な語彙やディスコースを学ぶことができるのである。

　第三に、思考の媒介として日本語を使う練習になるからである。授業における聞く・話す・読む・書くなどの言語活動は、高次の思考を伴うものである。生活言語とは異なり、各教科に固有の専門用語の理解が求められ、抽象的な思考が必要になってくる。分析、総合、評価などの高次の思考を伴う学習を通して、思考の道具としての学習言語の学習が可能になるのである。

以上のように、学習言語は、教科内容を理解する上で重要なカギである一方で、教科の授業において言語の4技能を伸ばし、思考の道具としての言語力を身に付けることがめざされるのである。

(2) 生活言語と学習言語

では、学習言語とは何を意味するのだろうか。

学習言語とは、生活言語に対する用語で、J. Cummins に由来する概念である。すなわち、日常生活で使用する言語と学習場面で使用する抽象度の高い言語とを区別し、前者を生活言語能力（BICS）、後者を認知学習言語能力（CALP）と名づけた。そして生活言語は1～2年と比較的早く獲得される一方で、学習言語を習得するには5～7年の年月が必要であることを明らかにしている（Cummins 1981）。その後の研究から、学習言語を獲得して教科の学力をつけるのには、アメリカに移住した年齢によっては10年程度かかることがわかっている（Collier 1989）。

このような違いをもたらす要因として、第2章で検討したように、日常の生活では、言語を使うとき文脈的な手がかりが多く、よく知っている話題についての会話が中心である一方、学級で使われる学習言語は、文脈的な手がかりが少なく、新しい情報や未知の抽象的な内容など認知的に難しい場合が多いことが挙げられる。そのため、学習言語の方が日常言語よりもずっと習得に時間がかかることが指摘されているのである。したがって、第二言語学習者の学力をつけていくためには、学習言語の支援を長期にわたって進めていく必要があることが示唆される。

(3) 学習言語とは

本書では、学習言語は言語の知識と言語の運用の2つから構成されると捉えることにする。

第一に、言語の知識は、各教科等の内容領域に見られる特有の語彙、文法やディスコースなどを知っているかどうかという側面である。

教科学習で使用される語彙には、「光合成」「電磁波」などの教科の専門用語（technical words）、「比較」「分析」などの教科を超えて使用される学習語（academic words）、「学校」「起きる」などの教科に特化しない一般語（general words）がある（バトラー後藤 2011、67頁）。学習言語についてはまた、因果関係を示す論理文や態、時制など、学習する文脈で使用される特有の文法がある（バトラー後藤 2011、68-73頁）。

　第二に、言語の運用は、言語の知識を使って実際に聞いたり、読んだり、話したり、書いたりして活用するといった側面である。

　各教科等の授業における言語の運用は、さまざまな思考を伴う。これらの言語の機能については、例えば、B.S. Bloom の「知識・理解・応用・分析・総合・評価」を手がかりに、表7-1のように整理されている。知識から評価に向かうほど認知的に高度になっていくが、教科学習においては、日常生活と比較すると、高度な思考をともなう学習言語を使うことが求められているといえる。

表7-1　学習言語の機能

学習言語の機能	生徒の活用のための言語	例
1. 情報を想起する	環境の観察と想起、情報の獲得、探究。	情報を集めるために、だれ、何、いつ、どこ、いかに、を活用する。
2. 知らせる	情報を見つけ、報告し、あるいは、説明する。	教師やテキストによって提示された情報を順序立てて話し、お話や個人的な経験を再び語る。
3. 比較する	対象や考えの似ている点と異なる点を説明する。	似ている点と異なる点を示すために図解したり、説明したりする。
4. 順序づける	もの、考え、出来事を順序づける。	タイムライン、連続体、円で描いたり、説明したり、物語の順序を説明したりする。
5. 分類する	特徴にしたがって、ものや考えをグループ化する。	構成原理を説明し、Aが例で、Bがそうではないことを説明する。
6. 分析する	全体を部分に分ける。関係やパターンを見つける。	教師やテキストに提示された情報の部分、特徴、主要な考えを説明する。
7. 推量する	推量する。意味するものを予想する。仮説を立てる。	理由付けのプロセス（帰納・演繹）を説明するか、原因や結果を示唆する仮説を立てる。
8. 正当化・説得する	行動、決定、ものの見方、他者の説得のために理由づける。	Aがなぜ重要であるかを語り、立場を指示する証拠を示す。
9. 問題を解決する	問題を定義して表現する。解決策を決める。	問題解決の手続きを説明する。実生活の問題に応用し説明する。
10. 総合する	考えをまとめ、新しい全体に統合する。	情報をしっかりと要約する。新しい情報を既知知識に編入する。
11. 評価する	もの、考え、決定の価値を査定し、立証する。	基準を見つめ、優先順位を説明し、判断のための理由を示し、真実を確認する。

出典：Chamot 2009, p.38.

2. 授業のなかの日本語

(1) 教科書を分析してみよう

　ここでは、教科書をもとに、学習言語としてどのようなものがあるのかを分析してみたい。1つの単元を取り上げ、教科書の記述をもとに、学習言語について分析してみよう。

演習2　教科書の言語分析

教科書・言語分析様式

教科書（　　　　　　　　　　　）
章・単元の頁（　　　　　　　　　）

<u>語彙</u>

必須の新しい語彙 _____

新しい使い方で使用された既習語彙 _____

<u>文法</u>

新しい言語の形式や動詞の時制 _____

新しい文章構成 _____

他の文法的な困難さ _____

<u>教科書の構成</u>

章／単元の構成 _____

節の構成 _____

パラグラフの構成 _____

<u>既習知識</u>

事前に指導することが必要な概念 _____

なじみのない文化的な仮定 _____

出典：Chamot 2009, p.46.

教科書には、内容のまとまりごとに、トピックに特有の専門用語や固有名詞が使われている。また、言葉の使い方、文章の構造の複雑さや言い回し、ディスコースの形など、教科等の内容が異なれば、言葉の使い方も大きく違ってくる。多文化クラスでの授業づくりにあたっては、教科書にみられる語彙や文章の構造などから学習言語を抽出して、それらに配慮した支援を工夫していくことが必要である。

(2) 言語活動と理解・表現

　人間のコミュニケーションというものは、情報の送り手が、伝達したいと思う内容を文化コードに従って記号化（コード化）する一方で、情報の受け手は、その記号で表象されたメッセージを文化コードに従って解読・解釈（コード解読）する過程として表すことができる。

　言語能力は、聞く・読む・話す・書くといった4つの技能から構成されている。私たちは、人の話を聞いたり、書かれたものを読んだりしながら、メッセージを理解している。相手のメッセージを理解する場合には、話された言葉や書かれた文章を、目に見えない日本語の語彙や文法などを媒介に、解読・解釈しているのである。また、伝えたいメッセージについて話したり、書いたりすることで、それらを表現している。伝えたいメッセージを表現する場合には、同様に、目に見えない日本語の語彙や文法などを媒介に、その内容を日本語などへと記号化して、話をしたり、文章を書いたりしているのである。

　このように考えると、授業場面においても、言語のもつ2つの機能である理解と表現に視点をあてた支援をしていくことが考えられる。そうした支援を検討するにあたっては、教科等の内容や教科書をもとに重要な専門用語や語彙を分析したり、教室で使われている教科特有の言い回しなどを観察・記録したりして、学習言語を構成している言語の知識や運用の中身について明らかにする作業が必要となってくる。

(3) 言語能力のレベルに応じた支援

　第二言語学習者の授業づくりにあたっては、後述するやさしい日本語を使うとともに、日本語言語能力のレベルに応じた支援を計画していく必要があるだろう。

すなわち、図7-1にあるように、第二言語学習者は、言語能力のレベルが上がるに従い、より程度の高い言語的な複雑さを伴う言語活動が可能になり、自律的な日本語の話者になっていく。したがって、言語能力のレベルが低い段階では、より手厚い支援が必要であるが、言語能力が向上していけば次第に、支援の程度を減らしていくこととなる。

第二言語学習者が在籍する多文化クラスでは、やさしい日本語の使用

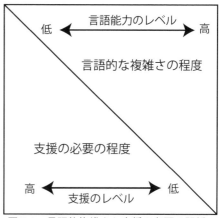

図7-1　言語的複雑さと支援の必要の関係
出典：筆者作成。

を心がけるとともに、個々の子どもの言語能力の状況にあわせて、個別指導計画を作成することも重要になってくる。

3. 教科ベースの授業づくり——言語の支援

（1）学習における日本語の工夫
① やさしい日本語

第二言語学習者の児童生徒が在籍している学級で、教科等の授業においては、日本語の使用についてどのようなことに留意すればよいのだろうか。

演習3　やさしい日本語とは

あなたは、外国につながる子どもに授業をすることになりました。日本語能力に課題のある児童生徒には、できるだけわかりやすい日本語を使うことが必要です。では、日本語での授業をわかりやすくするためには、どのような工夫をするとよいと思いますか。

1. 学習言語の支援には、大きくは理解の支援と表現の支援の2つがあります。理解と表現の視点から、どのような支援をしていけばよいのかについて考えて箇条書きにしてみましょう。

2. やさしい日本語とは、どのような日本語でしょうか。次の① 〜⑥ の言葉や文をわかりやすい表現に書き換えてみましょう。

① 下校時間　　　　　② 欠席する
③ 参観日　　　　　　④ 弁当持参
⑤ 入学の際には、必要な用品を購入し、準備をしていただきます。
⑥ 携帯電話をマナーモードにするか、電源をお切りください。

出典：しまね国際センター n.d. をもとに作成。

　外国につながる児童生徒が授業に参画できるように、日本語を支援していく取り組みが必要とされている。近年、外国人は、言葉がわからず情報格差が生まれやすいため、「やさしい日本語」を使用しようという動きがさかんになっている（庵 2016）。やさしい日本語とは、簡単な表現を用いる、文の構造を簡単にする、振り仮名をふるなどの工夫をしてわかりやすくした日本語のことをいう。こうしたやさしい日本語の使用は、学校生活においても重要な視点である。

　先ほどのわかりやすい表現に書き換える問題の回答は、例えば、以下のようになる。

① 子どもが家にかえるために、学校を出る時間。
② 休みます。
③ お父さんやお母さんなどが子どもの学校に行って、授業をみる日。
④ 昼ご飯（昼に食べる物）を持って行くこと。
⑤ 学校に行くために、必要なものがあります。あなたの子どもが学校に入るときには、それを買ってください。
⑥ 携帯電話の音がでないようにしてください。電話で話をしないでください。
（電話をするときは、外に出て小さい声で話してください。）

出典：しまね国際センター n.d. をもとに作成。

② シェルタード日本語
　では、とくに授業場面において必要になるやさしい日本語とはどのようなものであろうか。参考になるものに、アメリカの教育現場では、ESL 教育のな

かで「シェルタード英語（Sheltered English）」がある。シェルタードとは「保護する」という意味で、第二言語習得者である児童生徒に対して使用される理解しやすい英語のことをいう。学習する環境における「やさしい言語」にあたるものといえる。シェルタード英語の特徴としては、例えば、以下のような事柄が挙げられる。

---

1. はっきりと、自然に、少しゆっくりとした早さで話をする。
2. レベルを下げることなしに語彙を単純化する。
3. さまざまな方法で指示をする。
4. 例を使ったり、目に見えるモデルを指し示したりする。
5. 意味を伝えるキーワードに特別な注目を与える。それらを指摘し、黒板に書く。
6. 理解しにくい専門用語や慣用句を避ける。
7. 書かれた指示を声に出して読み、声にした指示を黒板に書く。
8. 支援者や友だちに翻訳してもらう時間をゆるし、議論のために意味を明確にする時間をゆるす。
9. 複雑で長いディスコースをより短いより扱いやすい単位に分ける。
10. 余分な時間をゆるす。第二言語学習者は、言葉を翻訳したり、新しい内容を処理したりしている。

出典：Walling 1993, p.26.

　日本においても、やさしい日本語とともに、学校で使用されるやさしい言語としての「シェルタード日本語」についての検討と普及が今後求められている。

（2）学習言語の支援
① 学習言語を理解する支援
　では、授業に参加できるようにするために、学習言語をどのように支援していけばよいかについて、具体的に検討していきたい。

　第一に、わかる授業にするために、教科内容の理解を促すような工夫が考えられる。

　まず、授業では、目で見てわかるように教えることが効果的である。メッセージを伝えるコミュニケーションの手段は、言語のみではない。「百聞は一見にしかず」というように、例えば、実物、模型、絵、写真などを提示することで、日本語がわからなくても、それらを見ることを通してあるトピックや概

念の理解を促すような手だてが有効であろう。

　また、理解を促すには、既有の知識に関連づけることが考えられる。教科で新しい内容や概念を学ぶ際に、それまでに学んだことや経験したことを意識化させ、それらに関連づけることで理解を支援することができる。先行経験や既習知識を活用する手だてが効果的である。

　さらに、理解を促すには、わかりやすい日本語を使うことが考えられる。前述したように、わかりやすい日本語を用いることを心がけ、例えば、対比、簡略化、関連づけ、構造化してわかりやすく提示するなど、授業を理解するための言語に配慮した支援が考えられる。

表7-2　理解支援

言い換える	生徒が知っていることばや母語などで言い換える。
視覚化する	実物、模型、絵、写真、図などを利用する。色分けして示す。
例示する	具体的な例を示す。
比喩を利用する	生徒が知っているものに例える。
対比させる	対になることばや事柄を示す。
明示する	課題、手順、見通し、流れなどを明確に示す。
簡略化する	幾つかに分割したり、重要な点だけに絞ったりして簡略化して示す。
整理する	分かりやすく整理して示す。
補足する	背景知識やことば、情報などを補う。
関連づけ	事柄の関係性（因果関係、順次性、上位・下位など）を示して理解を促す。
既有知識の活性化をする	先行経験、既習知識に関連づけて説明する。

出典：文部科学省 2007、14頁。

② 学習言語を表現する支援

　第二に、授業への参加を促すために、表現の工夫が考えられる。

　まず、参加を促すために、学習内容について、言葉を用いないで表現することが考えられる。例えば、学習を通して理解したことを、日本語で説明するのではなく、選択肢を示して選ばせたり、絵、写真、図など多様な方向で表現させたりすると効果的である。

　また、学習への参加を促すには、母語を活用することが考えられる。授業において、母語がわかる児童生徒やバイリンガル支援員に通訳してもらってもよいだろう。あるいは、母語で表現してから、日本語で表現させるようにすると

よいかもしれない。母語の助けを借りながら、表現を促すことは有効である。

　さらに、授業への参加を促すには日本語で表現しやすいように工夫することが考えられる。例えば、キーワードを示したり、発表のモデルを示したり、表現の内容や方法を指導したりすることなどがある。日本語の能力に応じて、日本語を使いやすくするための手だてを工夫することで、授業への参加を促すことができる。

表7-3　表現支援

選択肢を示す	語彙や表現の例を示し、選ばせる。
表現方法を示す	ことば以外の表現方法（絵、写真、図など）を示し、多様な方法での表現を促す。
モデルを示す	文や文章レベルで、発表や作文のモデルを示す。
キーワードを示す	内容に関するキーワードを示し、表現内容を構成させる。
対話で引き出す	やりとりで表現したい内容を引き出し、文章化する。
母語で表現させる	母語で表現させ、それを日本語で表現させる。
学習した内容を分割して示す	学習した内容を分割して示し、並べ替えや選択をさせて、発表内容を構成させる。
内容構成のためのシートを準備する	発表／作文の構成をシートで示し、それに基づいて内容を構成させる。

出典：文部科学省 2007、14-15頁。

　授業実践にあたっては、わかる授業にするための理解の工夫、学習に参加するための表現の工夫をしていくことが重要である。個別にあるいは集団でのさまざまな学習活動を通して、キー概念を理解したり、表現したりすることで、教科についての知識や技能、思考力を身に付けていくのである。

　なお、重要なのは、これまで検討してきた学習言語への配慮は、外国人だけではなく日本人の子どもたちにとってもわかりやすい授業につながっていくということである。

(3) 学習言語と JSL カリキュラム

　文部科学省による JSL カリキュラムのプロジェクトでは、学習活動に日本語で参加するために、授業のつくり方や実践事例に加え、主に「トピック型」JSL カリキュラムと「教科志向型」JSL カリキュラムが開発されている。「トピック型」JSL カリキュラムは、テーマ及びトピックをもとに構成された「学

習活動」とそれに対応した「日本語表現」から成っている（巻末資料〈2〉JSLカリキュラム日本語表現一覧（205-208頁）を参照）。「教科志向型」JSLカリキュラムは、各教科に固有の活動とそれに対応した「日本語表現」から成っている。

　一方で、「教科志向型」JSLカリキュラムについては、教科ごとに学習言語の整理の仕方が異なっているため、すべての教科で同じようなやり方で活用できるようにはなっていない。JSLカリキュラム事業では、教科内容、語彙、表現の取り扱いについては教科ごとに方針を立てるといった原則で進められたため、授業づくりに役立つように整理された表や例等は、表7-4のように教科ごとに異なっているのである。

　本書では、わかりやすい授業づくりにするために、すべての授業で一貫して次のような手続きをとることにしたい。学習言語については、前述の通り、理解と表現の支援を工夫するが、理解については、授業づくりにあたって、キーワードを抽出し、授業の冒頭で示すことにする。また、表現については、小学校、中学校ともに「トピック型」JSLカリキュラムの「日本語表現」の一覧（205-208頁）から、授業で活用する表現を抽出し、その表現を活用する場面を設定することにする。

表7-4　JSLカリキュラム事業で開発された表や例など

	トピック型	国語	算数／数学	社会	理科
小学校	・テーマ及びトピックをもとに構成された「学習活動」とそれに対応した「日本語表現」のAU一覧 ・AUカード	・学習スキル一覧 ・教科固有語彙	・学習スキル一覧 ・学習内容一覧 ・学習活動一覧 ・AU例	・社会科AU一覧 ・AUカード ・内容とキーワード	・理科AU一覧
中学校		・ねらいとする言語活動（指導事項）一覧 ・ことばの整理のための学習活動例	・「数学的な考え方」一覧 ・「ここまで戻ろう！」の速習サンプル ・数学用語対訳一覧	・活動例一覧 ・学習単元一覧 ・社会科用語対訳一覧	・JSL理科カリキュラムマップ（標準例） ・単元と領域 ・理科用語対訳一覧

出典：「学校教育におけるJSLカリキュラムの開発について（最終報告）小学校編」
　　　https://www.mext.go.jp/a_menu/shotou/clarinet/003/001/008.htm（2020年9月10日確認）
　　　「学校教育におけるJSLカリキュラム（中学校編）」
　　　https://www.mext.go.jp/a_menu/shotou/clarinet/003/001/011.htm（2020年9月10日確認）

まとめ

　本章では、外国につながる児童生徒に対して、学習言語の支援をどのように
デザインしていけばよいのかについて検討した。本章の議論をまとめると、以
下のようになる。

- 学習言語は、教科内容を理解するカギであり、授業においては、言語の知
  識と運用の観点から、言語の4技能を伸ばし、思考の道具としての言語力
  を身に付けることがめざされる。
- 授業においては、言語のもつ2つの機能である理解と表現に視点をあてる
  とともに、言語能力のレベルに応じた支援が求められる。
- 授業にあたっては、やさしい日本語を工夫するとともに、わかる授業にす
  るための理解の工夫、学習に参加するための表現の工夫をしていくことが
  重要である。

　第二言語を学ぶ外国につながる子どもに対する学習言語の支援は、授業がわ
かり、学習に参加するためのカギとなるものといえる。

コラム　A教師の教育実践(2)——教職員への働きかけ

　優秀な教師は、外国人児童生徒教育についてどのような枠組みをもっているのだ
ろうか。外国人生徒への働きかけ(6章)に続き、ここでは、外国人生徒をめぐるA教
師の特徴的な教職員への働きかけについて検討したい。

　A教師は、外国人生徒の指導というものは、学習や生活の中心である在籍学級の
担任があくまで責任を負う必要があると考えており、自分自身は黒子の役割に徹し
た環境づくりに力を入れているという。例えば、外国人生徒の知り得た情報は担任
にできるだけ伝え、よいことは担任からほめてもらい、悪いことも担任に指導して
もらうようにしている。一方、指導にあたっては、文化的な違いにより、しかり方
や落としどころが日本人とは違う場合があるので、あらかじめ相談して欲しい旨を

日頃から担任に伝えており、担任教師からも頻繁に問い合わせがあるという。情報によっては生徒指導担当につなぎ、問題が大きくならないように配慮している。

　また、日本人と外国人が知り合い、学び合うことも大事だと考えているため、A教師から教職員に機会を捉えて働きかけることもある。例えば、職業体験の実習先が変更されたときには、ブラジル人経営の会社も対象にするように提案したという。地域の職場であるし、外国人生徒の体験先にもなると考えたからである。最初の年は、ブラジル系の職場を開拓し、ブラジル人と日本人の生徒をいっしょに送り込んで、生徒の力関係が逆転することを試みたという。また、ある年は教員の校内研修フィールドワークが企画されたが、A教師はブラジル系企業を回るコースのデザインを担当した。その結果、教師とブラジル人企業家との間でいろいろな接触があり、生い立ちや苦労話を聞いたことで、参加した教師たちのブラジル人生徒へのその後の接し方にも変化がみられたという。

　さらに、他の教職員の協力を得ながら、外国人生徒を受け入れる学校文化の醸成に取り組んでいる。A教師は、在籍学級への入り込み指導については協力を得るのに当初は苦労したというが、今ではいつでも自由に入り込めるようになっている。テストのルビ振りも、最初はすべての教科を自分一人でやっていたが、少しずつ協力が得られるようになり、今では各教科担当が何も言わなくてもやってくれるという。前述の職場体験についても、次の年からはブラジル系会社がリストに載るようになり、日本人、ブラジル人を問わず職場体験をする姿がみられるという。また、ホームページで外国人生徒のがんばりを発信することを申し出たが、現在では担当の方から声をかけてくれるようになっている。B中学校では、A教師のもちかける外国人生徒を支援する企画を支持する風土が醸成されてきており、立ち上げはたいへんだったものの、動き出した後は着実に進展してきた。

　このように、教職員への特徴的な働きかけには、1) 黒子としての環境づくり、2) 日本人と外国人の学び合う場の設定、3) 共生に向けた学校文化の醸成、が認められた。

参考・引用文献

庵功雄『やさしい日本語 —— 多文化共生社会へ』岩波書店、2016年。

しまね国際センター「「やさしい日本語」の手引き」n.d. 、https://www.sic-info.org/wp-content/uploads/2014/02/easy_japanese.pdf（2020年9月16日確認）。

バトラー後藤裕子『学習言語とは何か —— 教科学習に必要な言語能力』三省堂、2011。

松尾知明「文化的多様性の実践と教師の力量形成 —— 外国人集住地域における中学校教師の実践」異文化間教育学会編『異文化間教育』第35号、2012年、50-65頁。

文部科学省「学校教育におけるJSLカリキュラムの開発について（最終報告）小学校編」平成15（2003）年7月、https://www.mext.go.jp/a_menu/shotou/clarinet/003/001/008.htm（2020年9月10日確認）。

文部科学省「学校教育におけるJSLカリキュラム（中学校編）」平成19（2007）年3月、https://www.mext.go.jp/a_menu/shotou/clarinet/003/001/011.htm（2020年9月10日確認）。

Chamot, A. U.（2009）*The CALLA handbook: Implementing the Cognitive Academic Language Learning Approach*（2nd ed.）, Pearson Education.

Collier, V. P.（1989）How long? A Synthesis of Research on Academic Achievement in a Second Language, *TESOL Quarterly 23*（3）, pp.509-531.

Cummins, J.（1981）Age on Arrival and Immigrant Second Language Learning in Canada: A Reassessment, *Applied Linguistics 11*（2）, pp.132-149.

Walling, D. R.（1993）*English as a Second Language: 25 Questions and Answers*, Phi Delta Kappa Educational Foundation.

第8章

授業づくりと学習方略
──学び方を学ぶ支援

《ポイント》

　第二言語を学ぶ外国につながる子どもたちが、授業がわかり、参加するために、メタ認知方略や課題に基づく方略など、学習方略の支援を工夫することが効果的である。

《キーワード》

　学習方略、メタ認知、課題に基づく方略

　在籍クラスにおいて、第二言語を学ぶ外国につながる子どもたちの授業の理解や学習への参加を促すには、学習言語への配慮とともに、学習方略の支援が効果的である。学び方を学び、その学習方略を活用していくことで、日本語能力の不足を補いながら、授業に対応していく力をつけるとともに、日本語を学ぶ力もあわせてつけていくのである。

　本章では、第二言語の習得をめざす外国につながる児童生徒の授業への参加を促す学習方略の支援について検討したい。

1. 学習方略に着目した授業づくり

（1）学習方略の指導

　第二言語学習者である外国人児童生徒には、なぜ学習方略に着目した授業づくりが望まれるのだろうか。

演習1　学習方略に着目した授業はなぜ必要か

1. 学習言語に着目した授業づくりは、日本語指導が必要な子どもたちにとって、どのような理由で必要とされるのかを考えて箇条書きにしてみましょう。
2. 学習方略とは、何を意味するのでしょうか。121-123 頁を読み、学習方略とは何か、学習方略にはどのようなものが含まれるのかについて 400 字で説明してみましょう。

　第二言語を学ぶ外国人の子どもに学習方略を指導する理由として、例えば以下の3点がある（Chamot 2009, pp.55-57）。

　第一に、すぐれた言語の学習者は学習方略を使っているからである。効果的な言語学習者に関する研究によれば、有能な学習者は言語を学ぶのに適したいろいろな学習方略を身に付けており、それらを駆使しながら言葉を学んでいることがわかっている。このような効果的に言語を自ら学ぶことのできる学習者にしていくために、学習方略を意図的に指導するのである。

　第二に、学習方略は、教科の内容を学習する際にも活用されるからである。学習方略は、言語の学習のみならず教科の学習においてもその技能を発揮するものである。学習方略を身に付けることで、自分自身の学習をコントロールすることができるようになり、教科の内容を学ぶ学び方をあわせて培うことになるのである。

　第三に、学習方略は新しい課題に転移するからである。学習方略は、学び方のスキルであるので、同じような学習状況であれば活用が可能である。したがって、学習方略はいったん学ばれると他の同様の学習場面への転移が期待でき、学習の効率を高めることができる。学習方略を指導することが、自立的な学習者を育てることにつながるのである。

　このように、学習方略を意図的に指導していくことで、自ら効果的に言語を

学び、教科学習を進めるための力を身に付けていくことが期待されるのである。

(2) 学習方略と有能な学習者

　効果をあげている学習者の特質を明らかにするためにこれまで、学習者の思考のプロセスや学習方略に焦点をあてた研究が進められてきた。これらの研究において、効果的な学習者の特徴の一つとして、学習方略を身に付けていることが明らかにされている。

　例えば、第二言語習得に関する研究では、より効果的な学習者とそうではない学習者を比較した結果、前者は、言語学習の課題に対してより適切な方略を選択して、活用していることなどが明らかにされている（Chamot 2005）。また、英語話者による学習方略の介入に関する研究では、学習方略を知ることで、読みや問題解決、作文においても効果があったとされている（Chamot 2005）。

　このような研究結果から、学習方略を指導することが、第二言語学習者が言語や教科を学ぶ自律的な学習者になっていくために効果があることが示唆されているのである。

(3) 学習方略とは

　では、学習方略とは、どのような学び方を意味するのだろうか。

① 学習方略とは

　学習とは、きわめて能動的なプロセスである。新たな理解をめざして、さまざまな学習方略が活用されて、問題の解決が進められていく。有能な学習者は、課題に取り組む際に、知っている学習方略のレパートリーの中から必要なものを適切に選択して実行している。このような学び方を意図的に学んでいくことで、日本語の学習に生かすとともに、日本語能力の不足を補いながら教科内容の学習を進めていくのである。

　なお、学習方略の枠組みについては、学習者や教師の目標に着目したCALLAモデルを援用することにしたい（Chamot 2009）。このモデルでは、学習方略をメタ認知方略と課題に基づく方略とに分けて整理している。

② メタ認知方略とは

　メタ認知方略は、計画、モニター、評価に関わる学習方略をいう。ここで、メタ認知の「メタ」とは、ギリシャ語で「一段上の」を意味する言葉で、「認知」とは、記憶、理解、問題解決、思考といった人間の知的なはたらき一般をさす用語である。したがって、メタ認知とは、知的な活動を一段上から客観的に捉え、行動を調整する知的なはたらきのことをさしている（植阪 2010、172-173 頁）。

　メタ認知方略は、学習課題を解決する計画、計画がうまく実行できているかのモニター、目標の到達状況を捉える評価、自分自身の学習を調整する管理など、学習の遂行プロセスに活用される一連の方法である。メタ認知方略は、個々の学習課題から独立している一方で、別の学習場面でも広く応用できるものといえる。自律的な学習者となるにはメタ認知の能力が不可欠であり、授業において、自分自身の学びを振り返る機会を設定することで、こうしたメタ認知方略を身に付けていくことが期待される。

③ 課題に基づく方略とは

　課題に基づく方略は、活用する範囲の広いメタ認知方略のようなものではなく、個々の課題に対応した学び方である。

表8-1　課題に基づく方略

課題にもとづく方略	知っていることを活用する	背景となる知識を活用する
		推論する
		予想する
		個人化する
		転移させる／同系言語を活用する
		代用する／言い換える
	感覚を活用する	イメージを使う
		音を使う
		運動感覚を使う
	整理技能を活用する	パターンを見つける／応用する
		分類する／順序づける
		選択的注意を活用する
		ノートをとる
		図表として構造化する
		まとめる
	リソースを活用する	情報源にアクセスする
		協力する
		自分自身で話す（独り言）

出典：Chamot 2009, pp.59-64.

それには、認知方略（学習のプロセスで必要とされる方略）と社会情意的方略（道具や他者など外部のリソースの活用）とがあるが、CALLA プログラムでは、心的なプロセスのタイプに従って、既有知識の活用、イメージ、感覚運動の活用、整理する活用、さまざまなリソースの活用に分類されている。

2. 学習方略をどう指導するか

(1) 教科書を分析してみよう

ここでは、教科書をもとに、児童生徒は、どのような学習方略を使っているのかを分析してみたい。1つの単元を取り上げ、教科書の記述をもとに、授業のなかで、児童生徒はどのような学習方略を使うことになるのかを思いつくだけ書き出してみましょう。

演習2　教科書・学習方略分析

教科書・学習方略分析様式

教科書（　　　　　　　　　　　）
章・単元の頁（　　　　　　　　　）

要求される学習方略

読みの方略 _____

ノートをとるスキル _____

検索スキル _____

地図／図／グラフのスキル _____

その他の方略 _____

出典：Chamot 2009, p.46をもとに作成。

（2）学習方略の指導

　学習方略の指導にあたってはまず、自分自身がすでに使っている学習方略を意識化させる活動を通して、普段私たちは気づかないでいるが、学習方略を活用しているという事実を理解させる。このような学習により、自分自身の学習のプロセスについて考えるきっかけをつくる。

　学習方略の具体的な指導では、教師によるモデリングが有効であることが指摘されている（Chamot 2009, pp.71-72）。例えば、教師は考えていることを口に出しながら、「新しい文章を読むときにまずタイトルをみて、内容を想像します。内容を予測するこの方略を『推論する』といいます」などと説明する。このように、①方法をやってみせて、②やり方を説明し、③その学習方略の名称を伝えるといったように進めていくことができる。

　また、新しい学習方略を学ぶ際には、練習の機会が必要になる。学習方略のやり方を指導し、実際に使ってみることが必要である。練習した後には、自己評価をさせるようにし、児童生徒に自らの学び方の有効性について認識させる。さらに、学習方略の転移を図るために、新しい文脈で応用するやり方を児童生徒に示すことが有効である。

　学習方略の指導にあたっては、最初の段階では教師による手厚い支援が必要である。そして、学習方略の習熟のため次第に支援の程度を減らしていき、最終的には独力で学習方略を選択し実施できるように方向づけていくのである。以上のような支援をすることにより、児童生徒は少しずつ学習方略を身に付け、自律した学習者になることができるのである。

3．教科ベースの授業づくり──学習方略の支援

（1）学習方略の支援に向けて

　では、私たちは、具体的にどのようなメタ認知方略や課題に基づく方略を使っているのだろうか。また、それらの学習方略をいかに指導していけばよいのだろうか。学習方略の支援について、授業に参加できるようにするために、さらに具体的に検討していきたい。

演習 3　学習方略とは

外国につながる児童生徒が、授業を理解し、学力をつけていくためには、学習方略の支援が有効です。

- 学習方略は、メタ認知方略と課題に基づく方略があります。125-127 頁を読んで、それぞれどのような方略であるのかを具体的に説明してみましょう。
- 学習方略にはさまざまなものがあります。学習方略一覧（127-131 頁）より学習方略を 2 つ選び、授業のなかでどのように指導すればよいのかについて考え、具体的な例を挙げてみましょう。

(2) メタ認知方略

メタ認知方略は、学習という一連のプロセスに関連する計画、モニター、評価などの学習方略をいう。CALLA モデルで整理されているメタ認知方略は、学習方略一覧に示す通りである（127-128 頁）。

学習課題を遂行するプロセスに従って考えると、課題を始める前の段階には①「計画する／組織する」方略がある。課題をうまく解決するために、目標を設定したり、どのような順序で進めるのか、方略はどれを選択するのかなどを決定したりするための方略がある。また、教科書をざっと見て、課題を解決する見通しをもつ方略もある。

課題に取り組む段階では、②「モニターする／問題を見つける」方略がある。作業の進み具合をチェックしたり、自分は理解しているか、相手は理解しているのかをチェックしたりして、問題を見つけるための方略がある。

課題を終えた段階では、③「評価する」方略がある。学習課題がうまくできたか、学習方略をうまく使えたか、それは効果的だったかなどを判断するための方略がある。

また、メタ認知方略には、④「自分自身の学習を調整する」方略がある。最も効果的な学習方法を決めたり、学習する状況を整えたり、練習する機会を求めたり、課題に注目を向けたりするなどの方略がある。

(3) 課題に基づく方略

課題に基づく方略は、広い活用範囲のあるメタ認知方略のようなものではなく、個別の課題に要求されるものである。CALLA モデルで整理されている課

題に基づく方略は、学習方略一覧に示す通りである（128-131頁）。

　課題に基づく方略は、大きくは、既有知識の想起や操作など2-1「知っていることを活用する」方略、イメージ、音、筋運動感覚の利用など2-2「感覚を活用する」方略、2-3「整理技能を活用する」方略、そして、2-4「リソースを活用する」方略に分けられる。

　学習方略一覧を参照しながら、具体的な中身をみてみたい。

　第一に、2-1「知っていることを活用する」方略は、学習者が既有知識を学習課題に活用する異なるやり方を示すもので、6つ挙げられている。最も一般的なものが①「背景となる知識を活用する」方略で、新しい課題に対応して活用可能な背景となる知識を思い出すやり方である。②「推論する」方略は、読みやリスニングの方略で、そのトピックについての既有知識を活用して推論する方法である。③「予想する」方略は、テキストの手がかりや既有知識を活用して、起こると思われる内容について論理的な推論をする手だてである。④「個人化する」方略は、新しい考えや情報を自分自身の経験や知識と関連づけるやり方である。⑤「転移させる／同系言語を活用する」方略は、既有の概念知識や言語的な知識を新しい文脈や第二言語で活用する方法である。⑥「代用する／言い換える」方略は、とくに話したり書いたりする際に有効で、同じ意味を伝えるのに異なる言葉やフレーズを使ったり、意図する意味を言い換えたりする手だてである。

　第二に、2-2「感覚を活用する」方略は、学習において五感をフルに活用するやり方で、3つ挙げられている。学習スタイルによって、視覚的学習者には①「イメージを使う」方略、聴覚的学習者には②「音を使う」方略、筋運動感覚的学習者には③「運動感覚を使う」方略が好まれるだろう。教師は自分の好みの方略だけではなく、別のやり方も試みることを奨励する必要がある。

　第三に、2-3「整理技能を活用する」方略には、情報をわかりやすい形で処理するやり方で、6つ挙げられている。①「パターンを見つける／応用する」方略は、ルールを事例にあてはめる演繹、事例からルールをつくる帰納、あるいは、文字やディスコースのパターンを見つけることなどが含まれる。②「分類する／順序づける」方略は、新しい情報を記憶するのに重要な方法であり、カテゴリーを見つけたり順番をつけたりと、あらゆる教科領域で活用可能である。③「選択的注意を活用する」方略は、新しい情報を聞いたり、読んだりす

る際にすべての生徒に有益な方法である。④「ノートをとる」方略は、読んだり書いたりする情報を覚えるのに必須のものである。⑤「図表として構造化する」方略は、情報を理解したり思い出したりするのに効果的なやり方である。⑥「まとめる」方略は、学習者に自分自身の学習を評価するメタ認知的な役割をし、指導者にとって達成状況を知る診断的な役割を果たすものである。

　第四に、2-4「リソースを活用する」方略には、3つ挙げられている。情報を収集するために異なるリソースを活用し、問題を解決することは学校教育の主要な目標である。①「情報源にアクセスする」方略は、辞書、参考書、インターネットから情報を得たりする場合や、教師、知識をもつ仲間、他の人々との社会的な交流を通して獲得されるものである。②「協力する」方略は、言語だけではなく内容の学習に関しても効果的な方法である。③「自分自身で話す」方略は、不安を軽減させるなどの感情的な側面にかかわるものである。

　本書では、9章以下の教科ベースの授業づくりにおいて、(4)の学習方略一覧で示した枠組みを活用することにしたい。なお、学習方略については、いつでも児童生徒が参照できるように、一覧表を作成して、配布しておくことも効果的である。

(4) 学習方略一覧

　学習方略について、メタ認知方略と課題に基づく方略に分けて、一覧の形で示すと、以下のようになる。

1.　メタ認知方略

1-1 実施プロセスを活用する

① 計画する／組織する

　　課題を始める前に、

・目標を設定する。

・課題や内容の順番を計画する。

・課題を遂行するやり方を計画する（方略の選択）。

・教科書をざっと見る。

② モニターする／問題を見つける

　課題に取り組む間に、

- 作業の進み具合をチェックする。
- 言葉を使う時に理解度をチェックする。
  （理解しているか。そうでないなら、問題は何か。）
- 言葉を使っているときに発話をチェックする。
  （理解されているか。そうでないなら、問題は何か。）

③ 評価する

　課題をやり終えた後、

- 学習課題をどれくらいうまくやれたかどうかを評価する。
- 学習方略をどれくらいうまくやれたかどうかを評価する。
- その方略がどれくらい効果的であったかを決定する。
- あなたが同様な課題を次にやるときになす修正を見つける。

④ 自分自身の学習を調整する

- あなたが最も効果的に学習したかどうかを決定する。
- あなたが学習する状況を調整する。
- 練習の機会を求める。
- 課題にあなたの注意を焦点化する。

2. 課題に基づく方略

2-1 知っていることを活用する

① 背景となる知識を活用する

- 課題を遂行することを助けるためにすでに知っていることを考え、活用する。
- 新しい情報と既有知識の間を関連づける。
- 既有知識を明確にしたり、修正したりするために新しい情報を活用する。

② 推論する

- 意味を理解するために、文脈や知っていることを使う。
- 言外の意味を読んだり聞いたりする。
- その意味を理解するために、教科書の行間を読む。

③ 予想する

- 来るだろう情報を予想する。
- 記述・口述の教科書で起こることについて論理的な推論をする。
- 予測する。（数学）
- 仮説を立てる。（科学）

④ 個人化する

- 新しい概念を自分の生活、経験、知識、信念、感情に関連づける。

⑤ 転移させる／同系言語を活用する

- 他の言語の知識（母語を含む）を該当の言語に応用する。
- 同系言語を活用する。

⑥ 代用する／言い換える

- 知らない言葉や表現に対し、
  同意語や説明的な語句を使う。

2-2 感覚を活用する

① イメージを使う

- 情報を理解し、表現するために、実際の、あるいは想像上のイメージを使ったり、つくったりする。
- 絵や図を使ったり、書いたりする。

② 音を使う

- 理解を助けるために、言葉、文、パラグラフを言ったり、読んだりする。
- 音にする。／声に出す。
- 音、言葉、句、会話を覚えるために「心のテープレコーダー」を使う。

③ 運動感覚を使う

- 役割を演じてみる。
- 当該の言語で異なる役割の自分を想像してみる。

2-3 整理技能を活用する

① パターンを見つける／応用する

- ルールを応用する。
- ルールをつくる。
- 文字／音、文法、ディスコース、ルールを認め応用する。
- 文学のパターンを見つける。（ジャンル）
- 数学、理科、社会科のパターンを見つける。

② 分類する／順序づける

- 性質によって、言葉や考えをカテゴリー化する。
- 生き物を分類する。自然のサイクルを見つける。
- 数学、理科、社会科で、秩序や順番を見つける。
- 歴史で出来事を順番にならべる。

③ 選択的注意を活用する

- 特定の情報、構造、キーとなる語、句、考えに焦点をあわせる。

④ ノートをとる

- 聞いたり読んだりしている間に、重要な言葉や考えを書き取る。
- 話したり書いたりする際に使う考えや言葉をリストアップする。

⑤ 図表として構造化する

- 視覚的な表象（ベン図、時間の流れ、ウェブ［一つの言葉から連想する言葉を書き出したクモの巣状の図］、図など）を使い、つくる。

⑥ まとめる

- 心の、言葉の、書いた情報のサマリーをつくる。

2-4 リソースを活用する

① 情報源にアクセスする

- 辞典、インターネット、他の参考資料を活用する。
- 情報源を探し活用する。
- モデルに従う。
- 質問する。

② 協力する

- 課題を解決し、自信をつけ、フィードバックを与え、もらうために、他者とともに活動する。

③ 自分自身で話す（独り言）

- 内部の資源を活用する。自分の進歩、あなたが利用できる資源、あなたの目標に気づかせ、心配を減らす。

出典：Chamot 2009, pp.59-64.

まとめ

　本章では、第二言語学習者の外国につながる児童生徒が、授業がわかり、学習に参加するための学習方略の支援について検討してきた。議論をまとめると、以下のようになる。

- 外国につながる子どもたちが効果的な学習者になるためには、学習言語への配慮とともに、学習方略を身に付けることが効果的である。
- モデリングと繰り返しの指導により、学び方を学んでいくことで、日本語能力の不足を補いながら授業に参加し、知識や技能を身に付けていく力をつけていくことが求められる。
- 授業づくりにあたっては、メタ認知方略と課題に基づく方略の視点から、学習方略を意図的に学べるように支援していくことが望まれる。

　教科ベースの授業づくりにおいては、自律的な学習者をめざして、学習方略の指導を進めることが期待されているのである。

コラム　A教師の教育実践 (3)
──外国人保護者への働きかけと「枠組み」

〈外国人保護者への働きかけ〉

　外国人生徒への働きかけ (6章)、教職員への働きかけ (7章) に続き、ここでは、外国人保護者へのA教師の特徴的な働きかけについてみてみたい。

　A教師は、外国につながる保護者の理解・協力を得るために、学校便り、保護者会、個人面談・家庭訪問等を通して、情報の発信と共有に力を入れている。学校便りでは、バイリンガル支援員の協力を得て、学校の行事等の教育的意義を伝えるようにしている。その結果、ブラジルでは実施されない学校行事への参加が、当初は少なかったものの、現在ではほとんどが参加するようになったという。保護者会では、最初にきちんと説明しておくことが肝心ということで、入学前の第一回を重視している。

全員参加が原則で、出席できない場合は後日学校に夕方出向いてもらい、子どもが学校を欠席する手続き等の約束事を徹底して伝えているという。その後の保護者会は、学校行事に連動させたり、進路に関連づけ、子育て、家族関係、日本の教育システムを取り上げたり等、参加を促すように工夫している。個人面談・家庭訪問では、できるだけ明確で具体的な情報を発信するようにしている。例えば、保護者にも学力調査の結果等を見せ、具体的な選択肢を示しながら、進路について話し合いをしているという。

　また、地域の外国人と日本人の相互理解が進むように支援している。Ａ教師は地域のいろいろな会合に顔を出すようにしており、日本人の集まりではりっぱな言動をした外国人を紹介したり、外国人の寄り合いでは「地域の人がほめていた」と話したりするなど、お互いのよさが伝わるような話題提供に心がけているという。夏祭りのときには、外国人生徒の保護者に声をかけ、お祭りのパトロールを行っている。そのことが地域のお祭り委員会でも話題になり、相互理解が進んだという。

　外国人保護者への特徴のある働きかけには、以上のように、1）情報の発信と共有、2）相互理解の推進、があると思われる。

〈外国人生徒教育をめぐるＡ教師の「枠組み」〉

　Ａ教師の語りや参与観察をもとに得られたこれまでの議論から、Ａ教師の培ってきた「枠組み」について、以下の３点を指摘したい。

　第一に、外国人生徒は日本社会の構成員であり、日本で生きていくための学力をつける必要があるという信念である。リーマンショックを契機に、地域で生きていくことを選択した外国人生徒たちに対し、Ａ教師は、日本社会でその一員として生き抜く力を身に付けることが大切だと考えている。そのため、卒業後のキャリアを視野に入れ、高校入試に対応できる学力をつけ、社会に出てからも困らないための知識やスキルを育成するための支援に心がけている。

　第二に、文化を理解し尊重することが重要であるという認識である。Ａ教師は、取り出しでは生徒の文化に関連づけた教材を活用しており、また、外国人と日本人がともに学び合う双方向の学習を推進している。自尊心があるからこそ自分を大切にでき、他者を大切にできるのであり、自分を失わないためにも、自分自身の背景を知ることが大切だと考えている。

　第三に、外国人と日本人をつなぐ環境づくりを担う役割が重要だという考えであ

る。Ａ教師は、表に出るのではなく裏方として、在籍学級、学校、地域を含め、外国人生徒が日本社会で生きていく力をつけるための環境づくりを進めている。外国人生徒担当の教師は黒子に徹して、外国人と日本人との相互関係を調整し、関係を深化させていく試みが重要であると捉えている。

　このように、Ａ教師は、外国人生徒教育をめぐって、①生きていくための学力を培うという信念、②文化の理解と尊重を促す重要性の認識、③外国人と日本人をつなぐ環境づくりをしていく役割などがＡ教師の培ってきた「枠組み」に含まれると推察される。

　なお、Ａ教師の枠組みの意味づけについては、松尾（2012）を参照。

参考・引用文献

植阪友理「メタ認知・学習観・学習方略」市川伸一編『発達と学習』北大路書房、2010年、172-200頁。

松尾知明「文化的多様性の実践と教師の力量形成 ── 外国人集住地域における中学校教師の実践」異文化間教育学会編『異文化間教育』第35号、2012年、50-65頁。

Chamot, A. U.（2005）Language Learning Strategy Instruction: Current Issuesand Research, *Annual Review of Applied Linguistics 25*, pp.112-130.

Chamot, A. U.（2009）*The CALLA Handbook: Implementing the Cognitive Academic Language Learning Approach*（2nd ed.）, Pearson Education.

第9章

算数科・数学科の授業づくり
──抽象的な用語と思考への対応

《ポイント》

　算数科・数学科の授業づくりでは、専門用語や論理的・抽象的思考などを原因とする外国人児童生徒のつまずきに対応して、学習言語と学習方略の支援を工夫することが求められる。

《キーワード》

　算数科・数学科、論理的・抽象的思考、授業づくり、学習言語、学習方略

　外国につながる子どもは、算数科・数学科の授業において何につまずいているのだろうか。また第二言語を学習する児童生徒が在籍する多文化クラスにおいて、算数・数学の授業をどのようにつくっていけばよいのだろうか。そして授業の準備をいかに行い、何に留意して授業実践を進めていけばよいのだろうか。

　本章では、外国につながる児童生徒のニーズに応えて、言語や方略の支援をどのようにデザインし、算数科・数学科の授業づくりをいかに進めていけばよいのかについて検討したい。

1. 外国につながる子どもと算数科・数学科

(1) 算数科・数学科の授業づくりに向けて

　算数科・数学科の授業づくりを検討していく際に、2つの点をおさえておきたい。1つは、算数科・数学科とはどのような教科なのかという点である。もう1つは、外国につながる子どもは、どのような原因で算数科・数学科の授業でつまずくのかという点である。

演習1　算数科・数学科と外国につながる子どものつまずき

　算数科・数学科の授業づくりをめぐって、次の問いについて検討してみましょう。
1. 算数科・数学科では、どのような学習活動を通して、いかなる資質・能力を育成することがめざされているのでしょうか。「小学校学習指導要領」「【算数編】小学校学習指導要領解説」「中学校学習指導要領」「【数学編】中学校学習指導要領解説」などを手がかりに簡潔にまとめてみましょう。
2. 外国につながる子どもは、算数科・数学科という教科において、どのような学習上のつまずきを経験しているのでしょうか。教科の特徴や文化的な違いなどの視点から、思いつくものを箇条書きにしてみましょう。

(2) 算数科・数学科とは

　算数科・数学科は、主体的に取り組む算数・数学にかかわるさまざまな活動を経験することで、数学的に考える力を育成する教科である。算数科・数学科では、数学的な見方・考え方を働かせ、数学的活動を通して、数学的に考える表9-1のような資質・能力を育成することを目標としている。

　学習内容については、算数科は、A：数と計算、B：図形、C：測定（1～3年）、C：変化と関係（5～6年）及びD：データの活用の4つの領域、数学科は、A：数と式、B：図形、C：関数及びD：データの活用の4つの領域で構成されている。これらの学習内容について、数学的活動（①日常の事象や社会の事象から問題を見いだし解決する活動、②算数や数学の事象から問題を見いだし解決する活動、③数学的な表現を用いて説明し伝え合う活動など）を経験することで、表9-1のような資質・能力を育成することがめざされている。

表9-1　算数科・数学科の目標

	知識・技能	思考力・判断力・表現力	学びに向かう力・人間性
小学校算数科	数量や図形などについての基礎的・基本的な概念や性質などを理解するとともに、日常の事象を数理的に処理する技能を身に付けるようにする。	日常の事象を数理的に捉え見通しをもち筋道を立てて考察する力、基礎的・基本的な数量や図形の性質などを見いだし統合的・発展的に考察する力、数学的な表現を用いて事象を簡潔・明瞭・的確に表したり目的に応じて柔軟に表したりする力を養う。	数学的活動の楽しさや数学のよさに気付き、学習を振り返ってよりよく問題解決しようとする態度、算数で学んだことを生活や学習に活用しようとする態度を養う。
中学校数学科	数量や図形などについての基礎的な概念や原理・法則などを理解するとともに、事象を数学化したり、数学的に解釈したり、数学的に表現・処理したりする技能を身に付けるようにする。	数学を活用して事象を論理的に考察する力、数量や図形などの性質を見いだし統合的・発展的に考察する力、数学的な表現を用いて事象を簡潔・明瞭・的確に表現する力を養う。	数学的活動の楽しさや数学のよさを実感して粘り強く考え、数学を生活や学習に生かそうとする態度、問題解決の過程を振り返って評価・改善しようとする態度を養う。

出典：「小学校学習指導要領（平成29年告示）」64頁、「中学校学習指導要領（平成29年告示）」65頁。

　教科には、特色ある授業展開の基本パターンがある。算数科・数学科の場合は、例えば、「問題を把握する→仮説を立てる→仮説を遂行する→結果を評価する」のような形で授業をデザインする場合が多い。

> 問題の把握　→　仮説の立案　→　仮説の遂行　→　結果の評価

（3）外国につながる児童生徒が直面する算数科・数学科のつまずき

　数学的な見方・考え方を育む算数・数学の授業において、第二言語学習者としての外国につながる児童生徒はどのような点でつまずいているのだろうか。

① 日本語の知識

　算数科・数学科でのつまずきは、日本語特有の用語や表現についての知識が不足していることから生じる。算数科・数学科には、例えば、素数、平方根、関数、絶対値、垂直線、錐体など、日常生活ではあまり使用しないような教科

特有の語彙がたくさんあり、厳密に定義されたこれらの用語についての知識の理解が必要である。

　また、文化によって、使用する用語が異なることも困難さを伴う。例えば、度量衡の単位では、長さや重さの単位について、日本のようにメートルやキログラムを使う国もあれば、それらの代わりにヤードやポンドを使う国々もある。

　さらに、算数科・数学科において使用される特有の表現がある。例えば、「とる」という言葉を例にとると（文部科学省 2007、25頁）、日常生活のなかでは、「それ、とって」（物を手渡す）、「やっととれた」（物が外れる）といった言い方をする。これが算数科・数学科の授業の場合には、「直線Lの上に点Pをとる」（点を定める）などといった数学的な言い回しとなる。こうした算数・数学に特有の表現や言い方がつまずきの一因となる。

② 日本語の運用──論理的・抽象的思考

　算数科・数学科でのつまずきはまた、日本語の運用が、高度な思考を伴う文脈において抽象的で論理的な言語を操作するということから生じる。授業では、数字や図などを用いながら、日本語で聞いたり、話したり、読んだり、書いたりする言語活動を通して、数量や図形などの概念を理解し、計算したり作図したりする技能を身に付けることが求められる。日常の生活のなかでも数や図を使うこともあるが、授業では、特有の専門用語や言い回しを用い、生活経験からは遠い抽象的・論理的な高次の思考が求められる。そのため、新しい概念や技能を習得するためには、日本語の運用の面でハードルは高い。

③ カリキュラムや学習方法の違い

　国によるカリキュラムや学習方法の違いも、算数・数学でのつまずきの要因となる。算数科・数学科は、既習の内容に基づく積み上げが重要であるが、国によってカリキュラムが異なり、指導される内容や順序に違いがあるため、未習の部分がでてくることも多い。また、かけ算の九九の覚え方、筆算のやり方など、学習方法が国によって異なるケースがある。その他、数字の数え方や数学記号が国によって違う場合もある。算数科・数学科におけるこうした国や文化による違いがつまずきの原因となることがある。

このように、算数科・数学科の授業づくりをめぐっては、日常生活で使用する日本語とは大きく異なり、高度な語彙や表現が求められ、抽象的・論理的な高次の思考を伴い、国によってカリキュラムや学習方法が違うなどといった問題に対応する必要がある。

2. 授業の計画

では、どのようなことに留意して、外国につながる子どもに対応した算数科・数学科の授業をつくっていけばよいのだろうか。かれらのニーズに応じるような学習指導案を工夫して作成してみよう。

演習2　算数科・数学科の学習指導案を書いてみよう

> 　算数科・数学科の単元を1つ選んでください。教科ベースの授業づくりの考え方・進め方（6章）、学習言語（7章）、学習方略（8章）を踏まえて、算数科・数学科の学習指導案を書いてみましょう。
> 　（学習指導案の書き方の詳細については、松尾（2018）を参照）

（1）中学校数学2年　式と計算「文字の式を使った証明」

　ここでは、中学校数学2年の式と計算「文字の式を使った証明」を事例として、授業の計画と実施について検討してみたい（文部科学省 2007、74-78頁）。この授業では、「2けたの自然数と、その自然数の十の位と一の位を入れかえた自然数との和は、11の倍数になることを、文字の式を用いることによって証明することができる」ことの検討を通して、2つの変数の文字式の計算を利用しながら整数の性質について考えていく。

（2）生徒の実態把握

　授業づくりにあたっては、学習内容に関連する生徒の実態を把握することが必要である。そのためには、国によってカリキュラムや学習方法が異なることがあるので、単元の内容について何がどこまで理解できているかを知る必要がある。

本時の授業についての既習事項は、以下のようになっている。出身国での就学歴を捉えるとともに、簡単なテストをするなどして、取り扱う概念や法則、計算技能などの理解の状況を捉える必要がある。また、日本語能力や学習方略の習熟についても把握しておき、学習言語と学習方略についての支援をどのように盛り込むのかに関して構想を練る必要がある。

既習事項の確認

	十進位取り記数法の意味		分配法則 a (b+c) =ab+ac
	正負の数の加法・減法		結合法則 a+ (b+c) = (a+b) +c
	文字式の計算（2変数の加法・減法）		倍数の表現 (a×整数は、aの倍数)

出典：文部科学省 2007年、74頁。

(3) 学習の目標と学習言語・学習方略の目標

　授業をデザインするにあたっては、学習の目標、学習言語の目標、学習方略の目標の3つを設定したい。本授業における学習の目標は、「式の計算の利用を通して、文字を用いることのよさや一般的に成り立つわけを見出すことができる」とする。

学習の目標	式の計算の利用を通して、文字を用いることのよさや一般的に成り立つわけを見出すことができる。
学習言語の目標	倍数や分配法則の言葉の意味を理解するとともに、「〜は〜の〜倍」など、比較する表現を使うことができる（G4 比較して考える4）。
学習方略の目標	数字の規則性の中にパターンを見つけることができる（2-3-① パターンを見つける／応用する）。

　学習言語と学習方略の目標については、本時の指導内容を分析して、授業で特に焦点をあてたいものに限定して具体的に設定する。本事例では、学習言語の目標については、言語の知識に関して、倍数や分配法則の意味を理解するとともに、言語の表現に関して、AU（〔Activity Unit〕205-208頁）のリストの中から、倍数の表現に関わって「G4 比較して考える4」を選択して記述した。学習方略の目標については、メタ認知方略（127-128頁）、課題に基づく方略（128-131頁）の一覧から、「2-3-①パターンを見つける／応用する」を選択して記述した。

（4）学習過程と指導上の留意点

① 授業の構想

授業づくりにあたっては、できるだけわかりやすい流れにすることが重要である。例えば、「問題を把握する→仮説を立てる→仮説を遂行する→結果を評価する」のように、授業展開の基本パターンをつくり、授業の構成をわかりやすくルーティーン化することが考えられる。また、「学習過程と指導上の留意点」の (f) の「……小集団で考えさせ」のように、学習活動を構想するにあたっては、ペアや小集団をつくり、日本人と外国につながる子どもが学び合う機会をつくることに配慮したい。

中学校数学２年の式と計算「文字の式を使った証明」についての「学習過程と指導上の留意点」は、例えば、以下のようになる。

学習過程と指導上の留意点

<table>
<tr><th></th><th>学習活動</th><th>指導上の留意点</th></tr>
<tr>
<td>問題の把握</td>
<td>1. 倍数と分配法則について振り返るとともに、2けたの自然数と、その自然数の十の位と一の位を入れかえた自然数との和にはどのような性質があるのかを考える。</td>
<td>・倍数の意味を説明し、具体的な例をもとに振り返る (a)。(例：2×3=6　6は2の3倍、6は2の倍数…)
・分配法則の意味、分配＝分ける等を確認する (b)。(例：3×8＋3×2＝3×(8＋2))
・41＋14＝55, 35＋53＝88, 18＋81＝99など、1〜10のカードを操作しながら計算をさせ (c)、具体的な事例をもとに何がいえるのかを考えさせる (d)。</td>
</tr>
<tr>
<td>仮説の立案</td>
<td>2. 文字を使って、2けたの自然数と、その十の位と一の位をいれかえた数との和は、11の倍数になることを説明しようという問いを立て、仮説を考える。</td>
<td>・2けたの自然数とその十の位と一の位を入れかえた自然数との和には11の倍数になりそうなことを文字を使って説明しようという問いを立て、仮説を考え、見通しをもたせる。</td>
</tr>
<tr>
<td rowspan="2">仮説の遂行</td>
<td>3. 文字を使って、十の位をx、一の位をyとして、2けたの自然数を表す。</td>
<td>・1〜10, xyのカードを使い (e)、十の位をx、一の位をyとして2けたの自然数をどのように表すのかを考えさせる。
・具体的な数字、例えば、「53は？」「$x=5$, $y=3$」で表すことから始め、$10x＋y$となることを理解させる。</td>
</tr>
<tr>
<td>4. 文字を使って、2けたの自然数と、その十の位と一の位をいれかえた数との和を表す式をつくり、11の倍数になることを小集団で考え、全体で話し合う。</td>
<td>・1〜10, xyのカードを使い (e)、$(10x＋y)＋(10y＋x)$の立式をさせ、分配法則を使って、計算するとよいことを気づかせる。
・$(10x＋y)＋(10y＋x)＝11x＋11y＝11(x＋y)$となって、11×自然数だから、11の倍数になることを、小集団で考えさせ (f)、全体で発表させる。</td>
</tr>
</table>

	5. まとめをし、学習を振り返る。	・「文字を使うと、2けたの自然数と、その十の位と一の位をいれかえた数との和は、11の倍数になることを示すことができる」をノートに書かせ、学習を振り返らせる。
結果の評価	6.「2けたの自然数と、その自然数の十の位と一の位を入れかえた自然数との和は、11の倍数」の一部分を穴埋めにして、問題をつくりかえる。	・本時のまとめを踏まえ、問題を考えさせる。 ・ある自然数からその自然数を入れ替えた自然数を引くと9の倍数になる。 ・4けたの自然数と、その自然数を入れ替えた自然数を足すと11の倍数になるなど。

② 学習言語の支援

　学習言語の支援（第7章を参照）については、できるだけわかりやすい日本語を使うことを心がけるとともに、外国につながる生徒の日本語能力を踏まえて、授業の計画を立てることが求められる。授業がわかるための理解支援、授業に参加するための表現支援について具体的に考える。

　本時においてはまず、理解支援として、「指導上の留意点」に示したように、(a) の「倍数の意味を説明し、具体的な例をもとに振り返る」、(b) の「分配法則の意味、分配＝分ける等を確認する」など、キーとなる語彙を確認するとともに、既習事項を振り返ることを計画している。

　また、表現支援としては、学習言語の目標に設定しているように、「〜は〜の〜倍」など、本時を理解する上での基礎となる比較する表現を使うことができるようにしたい。その他、(c) の「……1 〜 10 のカードを操作しながら計算をさせ」、(e) の「1 〜 10、xy のカードを使い」のように、操作したり表現したりする手助けとするカードを準備しておく。

③ 学習方略の支援

　学習方略の支援については、指導内容を分析して、学習方略一覧（127-131 頁）の中から活用したい方略を選択する。メタ認知方略については、見通しをもたせたり、学習を振り返ったりする機会をつくることで、自分の学びをコントロールできるように支援していくことが重要である。本時の授業でも授業の冒頭で見通しをもたせ、授業のまとめで学習の振り返りをさせることを計画している。

　また、課題に基づく方略については、第8章で取り上げた学習方略のなかから、授業場面で活用できると思われる方略を盛り込むようにする。本時の場合

には、学習方略の目標にあげているように、指導内容との関連から数字の規則性の中にパターンを見つける方略に焦点をあてたい。(d) の「……具体的な事例をもとに何がいえるのかを考えさせる」のように、数字の規則性からパターンを見つける方略を取り上げ、意識化させる場面を設定している。学習方略については、数学の見方や考え方を促すような方略を身に付けられるように、授業のなかで意識化させながら計画的に指導していくことが効果的である。

3. 授業の準備と実施

では、学習指導案をもとに、どのように授業を準備し、実践をしていけばよいのだろうか。

演習3 算数科・数学科の授業実践

演習2で作成した学習指導案をもとに、算数科・数学科の授業を実際に実践することをイメージしてみましょう。教科ベースの授業づくりの考え方・進め方（6章）、学習言語（7章）、学習方略（8章）を踏まえて、授業の準備と実施の点から、どのようなことに留意して実践するのかを考えてみたいと思います。ここでは、①授業の準備については、どのような教材やワークシートなどを準備するのか、②授業の実施については、日本語の支援、学習方略の支援をいかに進めるのかについて、思いつくものを箇条書きにしてみましょう。

（1）授業の準備
① 教材の準備
授業をするためには、教材の準備をすることが求められる。外国につながる児童生徒の教科内容についての理解や日本語の能力などの実態にもとづいて、教材を工夫する必要がある。

本授業の準備としては、教科書やワークシートなどについて、日本人の生徒の協力を得るなどして、漢字に振り仮名をつけておくことにする。また、倍数や分配法則などの重要な用語については、母語の訳語を調べておく。その他、この授業では、視覚的にわかりやすく操作や表現をするための工夫として、1〜10、xy のカードを作成する。

② ワークシートの作成

　授業で使うワークシートを工夫して作成する。授業の流れがわかりやすい構成、絵や写真などの利用、穴埋め式や選択肢の問題の挿入、表現のパターン、モデルの提示など、ワークシートを工夫して理解しやすい授業にしていく。本事例では、本時のねらい、仮説、検討、まとめといった授業の展開を1枚にまとめたワークシートを準備する。

③ その他

　授業の準備にあたっては、外国につながる子どもの必要に応じて、発問、指示、説明、板書、ノート、机間指導、指名、活動などを工夫して計画しておく。

(2) 授業を進めるポイント

　教材の準備ができると次に、実際に授業する段階になる。多文化クラスでの授業を進めるポイントには、本授業では例えば以下のものがある。

① 日本語の支援

　ア．理解の支援

1) やさしい日本語の使用：授業では、やさしい日本語を使うことが重要である。一文は短くし、ゆっくりはっきりと話すとともに、できるだけ平易な言葉や表現に心がける。本事例では、倍数や分配法則などの説明を丁寧に行うとともに、授業の展開では明確な指示や発問をするように留意する。

2) 絵、図やカードなどの活用：授業では絵や図、カードなどを活用し、視覚的にわかるようにすると効果的である。本事例では、「……1 ～ 10 のカードを操作しながら計算をさせ」、「1 ～ 10、xy のカードを使い」のように、カードを使って、操作したり表現させたりしながら進める。

> 1 ～ 10、xy のカードを使う。
> 十の位を x、一の位を y として、2けたの自然数を表すには
>
> | 3 | 4 | = | 3 | × | 10 | + | 4 | × | 1 |
> | 5 | 8 | = | 5 | × | 10 | + | 8 | × | 1 |
> | x | y | = | x | × | 10 | + | y | × | 1 |
> | x | y | = | 10 | x | + | y |
>
> 2けたの自然数と、その自然数の十の位と一の位を入れかえた自然数との和は、11 の倍数になることを表すには
>
> $\boxed{x\ \ y} + \boxed{y\ \ x} = (10\,\boxed{x} + \boxed{y}\,) + (10\,\boxed{y} + \boxed{x}\,)$
>
> $\qquad\qquad\qquad = 11\,\boxed{x} + 11\,\boxed{y}$
>
> $\qquad\qquad\qquad = 11\,(\,\boxed{x} + \boxed{y}\,)$

3) 板書の工夫：板書を工夫することも重要である。板書をするにあたっては、授業の流れがわかりやすいように書くことが大切である。また、数学特有の言い回しは難しいので、的確な表現ができるように工夫して板書する。例えば、以下のように、「2けたの自然数」「十の位と一の位を入れかえた自然数」という言い方を実際の数字の形で具体的に板書すると理解しやすい。

> 2けたの自然数と、その自然数の十の位と一の位を入れ替えた数との和
> 　　41　　　　　　　　4　　1　　14　　＋

4) 机間指導：生徒の表情や反応を見て、ノートなどで理解の状況を確認しながら進めるようにする。

イ．表現の工夫

1) モデルや言い回しの提示：表現しやすくするために、モデルや言い回しの型を示し、練習させることが挙げられる。例えば、本授業では、「～は～の～倍」といった倍数についての表現の仕方を提示して、基本的な表現について練習するようにする。

倍数	a×整数は、	aの倍数	「〜は〜の〜倍」
例	2×3＝6	6は2の3倍	6は2の倍数
	2×4＝8	8は2の□倍	□は2の倍数
	2×5＝10	□は2の□倍	□は□の倍数
	2×6＝□	□は□の□倍	□は□の□□
	2×□＝□	…………	…………

2) ペアや小集団での活動：学習過程において、ペアや小集団をつくり、日本人と外国につながる子どもが学び合う機会をつくることが大切である。教科学習という実際の状況のなかで、数学の語彙や言い回しを使いながら、ペアや小集団での学習活動を行うことで、日本語で表現する練習をする機会や学び合いの機会をつくるようにする。本時では、課題について個別に考えたことを小集団で話し合う場面を設定し、学び合いを促していく。

② 学習方略の支援

学習方略の支援には、メタ認知方略と課題に基づく方略がある。本事例では、授業のはじめでは見通しをもたせ、授業の最後では振り返りを行うことでメタ認知の能力を促していく。

課題に基づく方略については、本授業では数字の規則性からパターンを見つける方略を取り上げている。指導にあたっては、学習方略一覧の表を示して、パターンを見つける学習方略であることを意識化させる。

まとめ

本章では、外国につながる児童生徒のニーズに応えて、言語や方略の支援をし、算数科・数学科の授業づくりをいかに進めていけばよいのかについて検討してきた。議論をまとめると、以下のようになる。

・算数科、数学科の授業は、日常生活で使用する日本語とは大きく異なり、高度で抽象的な語彙や表現が求められるという問題に直面する。

- 授業の計画では、子どもの実態を捉え、学習の目標、学習言語の目標、学習方略の目標の3つを設定して、それらの目標が達成できるように、学習言語と学習方略の支援を含めたわかりやすい授業をデザインする。
- 授業の実践では、教材を工夫するとともに、日本語の支援（理解と表現）、学習方略（メタ認知方略と課題に基づく方略）の支援を進めることで、日本語能力の不足を補っていく。

　算数科・数学科の授業づくりにあたっては、とくに抽象的な言葉や数学独特の言い回しに配慮し、言語と方略の支援を考えることで、子どもの参加を促していくことが重要である。

資料(1)　「ここまで戻ろう！」の速習サンプル

　算数科・数学科では、どこまで内容を理解しているのかを把握することが欠かせない。中学校JSLカリキュラムの数学では、以下のような資料を開発している。

「ここまで戻ろう！」の速習サンプル　No. 1

| 虫食い算まで戻ろう ← | xやyの文字を用いる意味が理解できない
等式が理解できない |

指導方法

◆ 2時間～4時間程度まとめて時間をとります。
◆ 下表の、①加法→減法→乗法→除法→②→③の順に指導します。
◆ 先に解き方を指導せず、①について生徒自身がまず解き、誤答があれば指導します。
◆ 九九ができているか確かめます。
◆ イコールを揃えることも教えます。
◆ ②では、生徒自身で答をどう出したか確かめてから指導するというように進めます。
◆ 生徒がノートにかくときは、下記のように、加減乗除の式が、それぞれ横並びに、同じ数字を用いて記せるように指示します。
◆ 文字式の乗法では、×(掛算の記号)を省略することを確認します。
◆ わり算は分数にできることを確認します。

ボクが食べたのいくつだった？

$4代 = 11$

九九まで戻ろう ← かけ算ができない

九九表（くくひょう）　　学習方法　◆　1週間に1つの段を覚えよう。逆算ができるまで続けよう。

	1	2	3	4	5	6	7	8	9
1	いんいちがいち 1×1= 1	にいちがに 2×1= 2	さんいちがさん 3×1= 3	しいちがし 4×1= 4	ごいちがご 5×1= 5	ろくいちがろく 6×1= 6	しちいちがしち 7×1= 7	はちいちがはち 8×1= 8	くいちがく 9×1= 9
2	いんにがに 1×2= 2	ににんがし 2×2= 4	さんにがろく 3×2= 6	しにがはち 4×2= 8	ごにじゅう 5×2=10	ろくにじゅうに 6×2=12	しちにじゅうし 7×2=14	はちにじゅうろく 8×2=16	くにじゅうはち 9×2=18
3	いんさんがさん 1×3= 3	にさんがろく 2×3= 6	さざんがく 3×3= 9	しさんじゅうに 4×3=12	ごさんじゅうご 5×3=15	ろくさんじゅうはち 6×3=18	しちさんにじゅういち 7×3=21	はちさんにじゅうし 8×3=24	くさんにじゅうしち 9×3=27
4	いんしがし 1×4= 4	にしがはち 2×4= 8	さんしじゅうに 3×4=12	ししじゅうろく 4×4=16	ごしにじゅう 5×4=20	ろくしにじゅうし 6×4=24	しちしにじゅうはち 7×4=28	はちしさんじゅうに 8×4=32	くしさんじゅうろく 9×4=36
5	いんごがご 1×5= 5	にごじゅう 2×5=10	さんごじゅうご 3×5=15	しごにじゅう 4×5=20	ごごにじゅうご 5×5=25	ろくごさんじゅう 6×5=30	しちごさんじゅうご 7×5=35	はちごしじゅう 8×5=40	くごしじゅうご 9×5=45
6	いんろくがろく 1×6= 6	にろくじゅうに 2×6=12	さぶろくじゅうはち 3×6=18	しろくにじゅうし 4×6=24	ごろくさんじゅう 5×6=30	ろくろくさんじゅうろく 6×6=36	しちろくしじゅうに 7×6=42	はちろくしじゅうはち 8×6=48	くろくごじゅうし 9×6=54
7	いんしちがしち 1×7= 7	にしちじゅうし 2×7=14	さんしちにじゅういち 3×7=21	ししちにじゅうはち 4×7=28	ごしちさんじゅうご 5×7=35	ろくしちしじゅうに 6×7=42	しちしちしじゅうく 7×7=49	はちしちごじゅうろく 8×7=56	くしちろくじゅうさん 9×7=63
8	いんはちがはち 1×8= 8	にはちじゅうろく 2×8=16	さんぱにじゅうし 3×8=24	しはさんじゅうに 4×8=32	ごはしじゅう 5×8=40	ろくはしじゅうはち 6×8=48	しちはごじゅうろく 7×8=56	はっぱろくじゅうし 8×8=64	くはしちじゅうに 9×8=72
9	いんくがく 1×9= 9	にくじゅうはち 2×9=18	さんくにじゅうしち 3×9=27	しくさんじゅうろく 4×9=36	ごっくしじゅうご 5×9=45	ろくくごじゅうし 6×9=54	しちくろくじゅうさん 7×9=63	はっくしちじゅうに 8×9=72	くくはちじゅういち 9×9=81

「ここまで戻ろう！」の速習サンプル　No.3

分数の意味まで戻ろう ← 分数が全くできていない

指導方法

◆　4～6時間程度連続した時間をとり，分数の加法・減法まで一気に指導します。

◆　①について，横一列に全て板書します。

◆　生徒がノートにかくときは，設問②以下がその下に書けるように指示します。

◆　分数の読み方（分母，分子）を確認します。

◆　分けるという意味，「割る」ことと「分ける」ことは同じ意味を持つことを確認します。

◆　全体が1（1つ）であること，分けたものが1つ分であることの意味を下の絵を参考に，説明します。

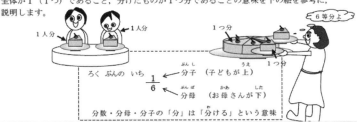

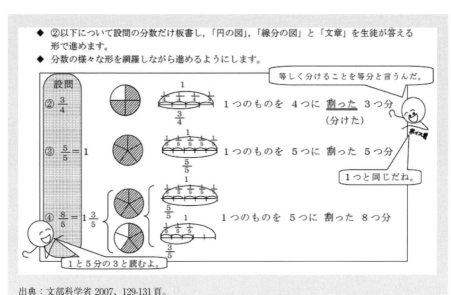

◆ ②以下について設問の分数だけ板書し、「円の図」、「線分の図」と「文章」を生徒が答える
　形で進めます。
◆ 分数の様々な形を網羅しながら進めるようにします。

出典：文部科学省 2007、129-131頁。

参考・引用文献

JSL カリキュラム研究会・池上摩希子『小学校「JSL 算数科」の授業作り』スリーエーネット
　　ワーク、2005年。

松尾知明『新版　教育課程・方法論 —— コンピテンシーを育てる学びのデザイン』学文社、
　　2018年。

文部科学省「学校教育における JSL カリキュラムの開発について（最終報告）小学校編」平成15
　　（2003）年7月、https://www.mext.go.jp/a_menu/shotou/clarinet/003/001/008.htm（2020
　　年9月10日確認）。

文部科学省「学校教育における JSL カリキュラム（中学校編）」平成19（2007）年3月、https://
　　www.mext.go.jp/a_menu/shotou/clarinet/003/001/011.htm（2020年9月10日確認）。

文部科学省「小学校学習指導要領（平成29年告示）」https://www.mext.go.jp/a_menu/shotou/
　　new-cs/1384661.htm　（2020年12月8日確認）。

文部科学省「中学校学習指導要領（平成29年告示）」https://www.mext.go.jp/a_menu/shotou/
　　new-cs/1384661.htm　（2020年12月8日確認）。

文部科学省「【算数編】小学校学習指導要領（平成29年告示）解説」https://www.mext.go.jp/a_
　　menu/shotou/new-cs/1387014.htm（2020年12月8日確認）。

文部科学省「【数学編】中学校学習指導要領（平成29年告示）解説」https://www.mext.go.jp/a_
　　menu/shotou/new-cs/1387016.htm（2020年12月8日確認）。

第10章

国語科の授業づくり
——高度な日本語への対応

《ポイント》

　国語科の授業づくりでは、日本語が母語であることを前提とした高度な語彙、文法、表現などを原因とする外国人児童生徒のつまずきに対応して、学習言語と学習方略の支援を工夫することが求められる。

《キーワード》

　国語科、母語としての日本語能力、授業づくり、学習言語、学習方略

　外国につながる子どもは、国語科の授業において何につまずいているのだろうか。また日本語を母語としない児童生徒が在籍する多文化クラスにおいて、国語科の授業をどのようにつくっていけばよいのだろうか。そして授業の準備をいかに行い、何に留意して授業実践を進めていけばよいのだろうか。

　本章では、外国につながる児童生徒のニーズに応えて、言語や方略の支援をどのようにデザインし、国語科の授業づくりをいかに進めていけばよいのかについて検討したい。

1. 外国につながる子どもと国語科

（1）国語科の授業づくりに向けて

　国語科の授業づくりを検討していく際に、2つの点をおさえておきたい。1つは、国語科とはどのような教科なのかという点である。もう1つは、外国につながる子どもは、どのような原因で国語科の授業でつまずくのかという点である。

演習1　国語科と外国につながる子どものつまずき

> 　国語科の授業づくりをめぐって、次の問いについて検討してみましょう。
> 1. 国語科では、どのような学習活動を通して、いかなる資質・能力を育成することがめざされているのでしょうか。「小学校学習指導要領」「【国語編】小学校学習指導要領解説」「中学校学習指導要領」「【国語編】中学校学習指導要領解説」などを手がかりに簡潔にまとめてみましょう。
> 2. 外国につながる子どもは国語科という教科において、どのような学習上のつまずきを経験しているのでしょうか。思いつくものを箇条書きにしてみましょう。

（2）国語科とは

　国語科は、日本語で正確に理解し適切に表現する資質・能力を育成する教科である。小学校国語科や中学校国語科では、言葉による見方・考え方を働かせ、言語活動を通して、表10-1のような資質・能力を育成することをめざす。

　国語科の内容については、指導事項のまとまりごとに、知識及び技能（①言葉の特徴や使い方に関する事項、②情報の扱い方に関する事項、③我が国の言語文化に関する事項）、思考力、判断力、表現力等（A：話すこと・聞くこと、B：書くこと、C：読むこと）が示されている。また、学びに向かう力・人間性の内容については、教科及び学年の目標においてまとめて示されている。

　国語科の授業の進め方はさまざまであるが、外国につながる子どもたちにとって、授業展開の基本パターンがあると内容の理解がより容易になると考えられる。そのため、ここでは、国語科においても「問題をつかむ→活動する→まとめをする」のような大まかに共通する授業の展開を設定することにしたい。

表10-1 国語科の目標

	知識・技能	思考力・判断力・表現力	学びに向かう力・人間性
小学校国語	日常生活に必要な国語について、その特質を理解し適切に使うことができるようにする。	日常生活における人との関わりのなかで伝え合う力を高め、思考力や想像力を養う。	言葉がもつよさを認識するとともに、言語感覚を養い、国語の大切さを自覚し、国語を尊重してその能力の向上を図る態度を養う。
中学校国語	社会生活に必要な国語について、その特質を理解し適切に使うことができるようにする。	社会生活における人との関わりのなかで伝え合う力を高め、思考力や想像力を養う。	言葉がもつ価値を認識するとともに、言語感覚を豊かにし、我が国の言語文化に関わり、国語を尊重してその能力の向上を図る態度を養う。

出典：「小学校学習指導要領（平成29年告示）」28頁、「中学校学習指導要領（平成29年告示）」29頁。

（3）外国につながる子どもが直面する国語科のつまずき

　日本語を母語としない児童生徒は、国語科を学習する際に、どのような困難に直面しているのだろうか。

① 日本語の知識

　日本語教育と国語教育とは、大きく異なる。日本語教育の場合は、日本語を一から学ぶことを前提に、第二言語あるいは外国語としての指導が想定されている。それに対し、国語教育の場合は、日常生活で日本語を使用している母語としての日本語能力を前提としている。したがって、国語科の学習の場合は、ある程度の日本語能力を有していることが当然とされる。そのため、第二言語学習者にとっては、高度で難しい日本語を学ぶことになり、学習内容の困難度は非常に高いといえる。

　国語科でのつまずきは、日本語特有の用語や表現についての知識が不足していることから生じる。特に、国語科で扱う日本語は難易度が高く、語彙が豊かで多様性に富む。教科書で扱われる文体は、広範囲の言語の機能、文法上の構造、豊かな語彙、難解な概念が折り重なっており、理解するためには相当の日本語能力を求められる。

　また、国語科のつまずきは、その内容が日本文化を前提にしていることからも起きる。国語科では、題材として文学作品や人々の暮らしに関する文章が取り上げられることが多い。これらの文章では、その内容を理解する際、日本の

社会や文化についての豊富な経験や知識が必要な場合も多い。例えば、日本語の季節の雨を表現する言葉にも、春雨、春霖、梅雨、夕立、秋雨、秋時雨、時雨、氷雨などさまざまにあり、文化的な背景がわからないとその情緒的なニュアンスを捉えることが難しく、文章の理解も困難になるだろう。

② 日本語の運用──抽象的・論理的な思考

　国語科は、他の教科とは異なり、日本語を通してある教科の内容を学ぶのではなく、母語としての日本語そのものを学ぶ教科である。日本語の基礎的な力を身に付けていることが前提になっており、日本語の理解や表現について高度な能力が求められる。そのため、意図する意味を表現するために書いたり、適切で多様な語彙を活用したりなど、日本語の運用上のつまずきが、高度な日本語を操作する必要から生じる。

③ カリキュラムや学習方法の違い

　国語科の授業は、言語活動を通して、話す・聞く、読む、書くといった3つの領域の内容を学ぶことになるが、授業で取り扱う題材は決まっていない。このことは、教科書会社によって掲載している教材が大きく異なっていることからもわかるだろう。さらに、授業の進め方は多様で、典型的なパターンがなく、学習方法は国によって異なっている。このような国語科の特徴のため、学習の方法のイメージがしづらく、そのことが国語でのつまずきの要因となる。

　このように、国語科の授業づくりをめぐっては、母語としての日本語の基礎ができている学習者を前提に内容が構成されていたり、高度な語彙、文法、表現が使用され、日本文化を前提する日本の社会や文化についての豊富な経験や知識が必要とされていたりするなどの困難に対応することが求められる。

2. 授業の計画

　では、どのようなことに留意して、外国につながる子どもに対応した国語科の授業をつくっていけばよいのだろうか。かれらのニーズに応じるような学習指導案を工夫して作成してみよう。

> 　国語科の単元を1つ選んでください。教科ベースの授業づくりの考え方・進め方（6章）、学習言語（7章）、学習方略（8章）を踏まえて、国語科の学習指導案を書いてみましょう。
>
> 　（学習指導案の書き方の詳細については、松尾（2018）を参照）

(1) 小学校6年国語単元「平和のとりでを築く」

　ここでは、単元「平和のとりでを築く」を事例として、授業の計画と実施について検討してみたい。この単元では、本文を読み取り、説得力のある意見文を書くポイントを整理するとともに、情報を収集し効果的な文章を書くことがめざされている。

　学習指導要領においては、中学年の「相手や目的に応じ」ることを受けて、高学年では「目的や意図に応じ、考えたことなど」を取り上げ、課題を設定したり、取材したりすることで、自分の意図を明確にして書くことが期待されている。また、低学年で自分の経験したことや想像して考えたことなどから書いたり、中学年で目的をもって調べたことを書いたりした経験を生かして、高学年ではまとまった考えを書くことへと発展させることが求められている。

　本単元では、これまでの学習のまとめとして、「はじめ・中・おわり」の構成、「書き出し」「意見の提示」「事例」「反論」「結論」の要素について理解する（知識）とともに、それらの要素を構成に取り入れて、全体の構成を考えて書く（運用）ことができることをめざしている。

(2) 児童の実態把握

　授業づくりにあたっては、学習内容に関連する児童の実態を把握することが必要である。生活経験が違い、国によってカリキュラムや学習方法が異なることがあるため、単元の内容について何がどこまで理解できているかを把握する必要がある。本時の授業についての子どもの既有知識を把握するために、出身国での就学歴を捉えるとともに、簡単なテストや質問をするなどして、取り扱う題材などの理解の状況を捉える必要がある。

　事例においては例えば、内容については、意見文を書いたことがあるかにつ

いて、これまでの経験について聞き取りをする。学習言語や学習方略について
は、理由をもとに表現することができるか、評価表を使って評価した経験があ
るかなどについて把握する。

(3) 学習の目標と学習言語・学習方略の目標

　授業をデザインするにあたっては、学習の目標、学習言語の目標、学習方略
の目標の３つを設定したい。本授業における学習の目標は、「平和について、
筆者の考えを受けて、根拠を示しながら自分の考えを書くことができる」とする。

学習の目標	平和について、筆者の考えを受けて、根拠を示しながら自分の考えを書くことができる。
学習言語の目標	「はじめ・中・おわり」「書き出し」「意見の提示」「事例」「反論」「結論」などキーとなる語彙を理解するとともに、「〜ので、〜と考えました」など、理由をもとに表現することができる（K3 考えたことを表現する1）。
学習方略の目標	理由を示して自分の意見を述べることができたかどうかを適切に評価することができる（1-2-③評価する）。

　学習言語と学習方略の目標については、本時の指導内容を分析して、授業で
特に焦点をあてたいものに限定して具体的に設定する。学習言語の目標につい
ては、言語の知識に関して、「はじめ・中・おわり」「書き出し」「意見の提示」
「事例」「反論」「結論」などの意味を理解するとともに、言語の表現に関して、
AU（205-208頁）のリストの中から、理由をもとに記述することに関わって「K3
考えたことを表現する1」を選択して記述した。学習方略の目標については、
メタ認知方略（127-128頁）、課題に基づく方略（128-131頁）の一覧から、自分の
意見を見直すことに関わって、「1-2-③評価する」を選択して記述した。

(4) 学習過程と指導上の留意点

① 授業の構想

　授業づくりにあたっては、できるだけわかりやすい流れにすることが重要で
ある。国語科の進め方はさまざまであるが、例えば、「問題をつかむ→活動す
る→まとめをする」のように、授業展開の基本パターンをつくり、授業の構成
をわかりやすくすることが考えられる。本時では、「「平和」について、根拠を

示し自分の考えを書こう」というめあてをつかませ、意見文を書くポイントを確認して、自分の考えを書き出す活動を行い、学んだことを振り返って書くというまとめをしている。

　また、学習活動を構想するにあたっては、小集団で意見文の内容について評価し合うなど、外国につながる子どもが日本語で表現する機会をつくるとともに、日本人と学び合う活動を取り入れることに配慮したい。

　小学校6年国語単元「平和のとりでを築く」についての「学習過程と指導上の留意点」は、例えば、以下のようになる。

学習過程と指導上の留意点

	学習活動	指導上の留意点
問題をつかむ	1. 前時までの学習を振り返り、本時のめあてをつかむ（5分）。	・これまでの学習を掲示物で確認するとともに、「はじめ・中・おわり」「書き出し」「意見の提示」「事例」「反論」「結論」など、本時のキーワードについて説明する（a）。 ・「「平和」について、根拠を示し自分の考えを書こう」という本日のめあてをつかませる。
活動する	2.「平和」について、自分の考えをまとめる（20分）。 (1) 意見文を書くポイントを確認する。 (2) 意見文に書きたい内容について、思いつくことを書き出す。 (3) まとまりごとに、付箋紙に1文ずつ書き出す。 (4) 4つの段落になるように、整理した付箋紙を並び替える。	・資料を配付して、説得力のある意見文を書く留意点についてのポイントをおさえる。（「はじめ・中・おわり」の構成、「書き出し」「意見の提示」「事例」「反論」「結論」の要素） ・書きたい内容に関わる単語やフレーズを3分間ノートに書き出させる。 ・単語やフレーズを付箋紙に書き、KJ法（川喜田二郎氏により考案されたデータをグループ化して整理する手法）をもとに整理する。 ・起承転結の流れになるように、全体の構成を考えさせる。 ・事実と自分の意見を分け、理由が明確になることを意識させ整理させる（b）。
活動する	3.「平和」について自分の考えについて交流する（15分）。 (1) 意見文の内容を順番に発表するとともに評価表を記入する。 (2) 評価表をもとに、それぞれの改善点を話し合う。 (3) 班ごとに発表する。	・小集団に分かれ、整理した自分の考えを順番に発表させる（c）。 ・発表を聞きながら、意見文を書く留意点についての評価表を記入させる。 ・それぞれの発表について、評価結果をもとに改善点などについて話し合う。 ・班ごとに、交流して思ったこと、気づいたこと、考えたことなどを発表させる。
まとめをする	4. 学習のまとめをする（5分）。 (1) 本日の学習で学んだことを書く。 (2) 次時の学習では、実際に文章を書くことを知る。	・本日の学習で学んだことを3分間で書かせる。 ・次時の学習に見通しをもたせる。

②学習言語の支援

　学習言語の支援（第7章を参照）については、できるだけわかりやすい日本語を使うことを心がけるとともに、外国につながる子どもの日本語能力を踏まえて、授業の計画を立てることが求められる。授業がわかるための理解支援、学習に参加するための表現支援について具体的に考えたい。

　本時における言語の支援はまず、理解支援として、「学習過程と指導上の留意点」に示したように、(a)の「はじめ・中・おわり」「書き出し」「意見の提示」「事例」「反論」「結論」など、キーとなる語彙を確認し、既習事項を振り返ることを計画している。

　また、表現支援として、学習言語の目標にあるように、指導内容との関連で、理由をもとに表現することができるように、(b)「〜ので、〜と考えました」などの言い回しを提示して練習させたい。そのために、個別に参照する語形を示したカードを準備しておく。その他、説得力のある意見文を書く手順を、思いついたことの書き出し→付箋紙への転記→並び替えによる整理のように、ステップバイステップで活動を設定するとともに、「はじめ・中・おわり」「書き出し」「意見の提示」「事例」「反論」「結論」などのポイントをおさえる。

③ 学習方略の支援

　学習方略の支援については、指導内容を分析して、学習方略一覧（127-131頁）の中から活用したい方略を選択する。メタ認知方略については、見通しをもたせたり、学習を振り返ったりの機会をつくることで、自分の学びをコントロールできるように支援していくことが重要である。本時の授業では、学習方略の目標にあげているように、指導内容との関連から、理由を示して自分の意見を述べることができたかどうかを適切に評価することに焦点をあてたい。授業の最後で書くことにより学習の振り返りをさせることを計画している。

　また、課題に基づく方略については、第8章で取り上げた学習方略のなかから、授業場面で活用できると思われる方略を盛り込むようにする。本時の場合には、小集団で意見文の改善について話し合うといった、「2-4-②協力する」の学習方略を盛り込んでいる。

　学習方略については、授業のなかで意識化させながら計画的に指導していくことが効果的である。

3. 授業の準備と実施

　では、学習指導案をもとに、どのように授業を準備し、実践をしていけばよいのだろうか。

演習３　国語科の授業実践

> 　演習２で作成した学習指導案をもとに、国語科の授業を実際に実践することをイメージしてみましょう。教科ベースの授業づくりの考え方・進め方（6章）、学習言語（7章）、学習方略（8章）を踏まえて、授業の準備と実施の点から、どのようなことに留意して実践するのかを考えてみたいと思います。ここでは、①授業の準備については、どのような教材を準備するのか、②授業の実施については、日本語の支援、学習方略の支援をいかに進めるのかについて、思いつくものを箇条書きにしてみましょう。

（1）授業の準備

① 教材の準備

　授業をするためには、教材の準備をすることが求められる。外国につながる児童の教科内容についての理解や日本語の能力などの実態にもとづいて、教材を工夫する必要がある。本授業の準備としては、教科書やワークシートなどについて、日本人の児童の協力を得て、漢字に振り仮名をつけておいたり、「はじめ・中・おわり」「書き出し」「意見の提示」「事例」「反論」「結論」などの重要な用語については、母語の訳語を調べておいたりする。

　また、この授業では、視覚的にわかりやすく操作や表現をするための工夫として、付箋紙を準備する。KJ法に従い、付箋紙をもとにグループ化したり、構造化したりする操作を通して自分の意見をまとめられるような手だてを考えておく。

② ポイントを説明する資料、評価表の作成

　説得力のある意見文を書くためのポイントが一目でわかるように、「はじめ・中・おわり」の構成にし、「書き出し」「意見の提示」「事例」「反論」「結論」の要素を工夫することなどを資料にまとめておく。

　また、ポイントと対応させて、評価表を作成しておく。短時間で意見文の振

り返りができるようにできるだけシンプルなものを用意する。

③ その他

　授業の準備にあたっては、外国につながる子どもの必要に応じて、発問、指示、説明、板書、ノート、机間指導、指名、活動などを工夫して計画しておく。

(2) 授業を進めるポイント

　教材の準備等ができると次に、実際に授業する段階になる。多文化クラスでの授業を進めるポイントには、本事例では例えば以下のものがある。

① 日本語の支援

　ア．理解の支援

1) やさしい日本語の使用：授業では、やさしい日本語を使うことが重要である。一文は短くし、ゆっくりはっきりと話すとともに、できるだけ平易な言葉や表現に心がける。事例では、本時のキーワードについて丁寧に説明するとともに、小集団の学習にあたって明確な指示を出すように留意する。

2) 絵、図やカードなどの活用：授業では絵や図、カードなどを活用し、視覚的にわかるようにすると効果的である。事例では、意見文を書くポイントである「はじめ・中・おわり」の構成、「書き出し」「意見の提示」「事例」「反論」「結論」の要素について短冊を準備しておき、わかりやすく提示する。

3) 板書の工夫：板書を工夫することも重要である。板書をするにあたっては、授業の流れがわかりやすいように書くことが大切である。事例では、これまでの学習の掲示物を残しておき、学習の振り返りをする。また、意見文を書くポイントがわかるように板書を工夫する。

4) 机間指導：児童の表情や反応を見たり、ノートなどで理解の状況を確認したりしながら進めるようにする。

　イ．表現の工夫

1) モデルや言い回しの提示：表現しやすくするために、モデルや言い回し

の型を示し、練習させることが挙げられる。例えば、本授業では、「〜ので、〜と考えました」など、理由をもとに表現する発表の仕方を提示して、基本的な表現について練習させるようにする。

2) ペアや小集団での活動：学習過程において、ペアや小集団をつくり、日本人と外国につながる子どもが学び合う機会をつくることが大切である。本時の授業のなかでは、意見文について評価表を用いながら評価し合い、改善点を話し合う活動を通して、関連する語彙や言い回しを使って日本語で表現する練習の場をつくるようにする。

② 学習方略の支援

学習方略の支援には、メタ認知方略と課題に基づく方略がある。本授業では、授業のはじめでは見通しをもたせ、授業の最後では学んだことを3分で書かせ、振り返りをさせる形で評価する学習方略を用いる。

課題に基づく方略については、前述のように、小集団で協力する学習方略を取り上げている。指導にあたってはそれぞれ、評価する学習方略、協力する学習方略であることを意識化させることが重要である。

まとめ

本章では、外国につながる児童生徒のニーズに応えて、言語や方略の支援をし、国語科の授業づくりをいかに進めていけばよいのかについて検討してきた。議論したことをまとめると、例えば、以下の通りである。

- 国語科は日本語の基礎ができている学習者を前提にしているため、外国につながる子どもは、はじめから日本語の高度な語彙、文法、表現への対応が求められるという問題に直面する。
- 授業の計画では、子どもの実態を捉え、わかりやすい授業づくりに心がけ、学習言語と学習方略の支援をデザインする。
- 授業の実践では、教材を準備し、学習言語（理解と表現）や学習方略（メタ認知方略と課題に基づく方略）の指導も進めていく。

国語科の授業は、第二言語学習者にとってとくにハードルが高い教科であることを踏まえ、言語と方略の支援を工夫することで、子どもの参加を促していくことが重要である。

資料（2）　ねらいとする言語活動（指導事項）一覧

　中学校JSLカリキュラムの国語では、A：話すこと・聞くこと、B：書くこと、C：読むことの3つの領域の指導事項に従って、言語活動の目標を整理した以下のような資料を開発している。

表10-2　言語活動の目標

A. 話すこと・聞くこと	
発想や認識	・話す目的を理解し話材を選ぶことができる。
	・話している内容を正確に聞くことができる。
	・メモをもとに話すことができる。
	・聞いてメモをすることができる。
	・資料をもとに話すことができる。
考えや意図	・考えをまとめて話すことができる。
	・スピーチの内容を注意深く聞くことができる。
	・話している内容の中心をとらえることができる。
	・聞きながら自分の考えをもつことができる。
	・聞いて感想をもつことができる。
	・聞きながら他のことを連想することができる。
話題	・話題を探すために自分の体験を思い出すことができる。
	・話題を探すために日常生活に目を向けることができる。
	・適切な話題を選ぶことができる。

構成や論理	・話す内容や順序をメモすることができる。
	・最後までまとまりをつけて話すことができる。
	・主張する内容を明確にして話すことができる。
	・話し手の主張を理解することができる。
	・事実と考えの部分を明確にして話すことができる。
	・事実と考えの部分を聞き分けることができる。
	・スピーチの構成を考えることができる。
	・根拠や理由の述べ方が分かる。
語句や文	・適切な語句を選ぶことができる。
	・聞き手に分かりやすい表現をすることができる。
	・説得力がある表現を工夫することができる。
	・キーワード、キーフレーズを聞き取ることができる。
話合い	・話題を的確にとらえることができる。
	・発言の内容を理解することができる。
	・自分の立場を明確にして意見を述べることができる。
	・根拠を述べることができる。
	・他の人の立場を考えて聞くことができる。
	・他の人の意見の根拠を聞き取ることができる。
	・他の人の意見を受けてその場で発表することができる。
	・根拠をもって反論することができる。
	・話し合いのルールが分かる。
	・話し合いに参加することを通して自分の考えを深めることができる。

B. 書くこと

発想や認識	・書こうとすること、誰に向けて、何のために書くかを把握できる。
	・課題に関して自分の考えを明確に把握することができる。
事柄や意見	・自分の立場や考えを明確に把握することができる。
	・課題について、既有知識や疑問などを整理することができる。
選材	・必要な材料を集めることができる。
	・集めた材料から必要な情報を抜き出し、整理することができる。
	・集めた材料をもとに図や表などを作ることができる。

構成	・書く内容や順序をメモすることができる。
	・全体の構成を考えることができる。
	・事実と自分の意見を分けることができる。
	・主張について適切な根拠や理由を考えることができる。
	・必要に応じて図や表、写真などを、適切に取り込むことができる。
	・読みやすくするためにレイアウトを工夫することができる。
記述	・ジャンルや内容に合った文体、語句を選択して書くことができる。
	・必要に応じて段落をもうけ、まとまりのある文章を書くことができる。
	・指示詞、接続詞を適切に用いることができる。
	・書き出しや結びを工夫して書くことができる。
推敲	・表記や語句の用法が適切かどうか確かめることができる。
	・読み手の視点から、読みやすさ・分かりやすさを見直すことができる。
	・論理の一貫性が保たれているか確かめることができる。
	・自分の意見と事実、引用が書き分けられているかを確かめることができる。
評価・批評	・読み手のコメントから、文章の構成や表現などを見直し、改善案を考えることができる。
	・他者の作文を参考にし、自分の文章の構成や表現に役立てることができる。

C. 読むこと

語句の意味や用法	・わからないことを辞書で調べられる。
	・文脈の中での語句の意味が分かる。
	・同音異義語の区別ができる。
	・類義語とその使い分けが分かる。
	・対義語が分かる。
	・慣用句が理解できる。
内容把握や要約	・事実と意見が読み分けられる。
	・キーワードやキーセンテンスが見つけられる。
	・段落ごとの要点が把握できる。
	・書き手の主張が把握でき、要約文が作成できる。
	・登場人物の関係、心情の変化が把握できる。

構成や展開	・文章の中心の部分と付加的な部分が読み分けられる。
	・事実と意見が読み分けられる。
	・指示語・接続語の役割が分かる。
	・時間の経過や場面に着目して構成が理解できる。
	・起承転結や序論・本論・結論など、論理の構成パターンが分かる。
	・分かりやすい説明の仕方が分かる。
	・説得力のある論の進め方が分かる。
表現の仕方	・文末表現に着目し、筆者の態度や立場などの違いが分かる。
	・人物の行動や言動、表現の描写に着目し、心情を理解することができる。
	・多様な文章について、それぞれの表現の特色が分かる。
主題や要旨と意見	・文章の展開に従って、筆者の思考や心情を追うことができる。
	・人物相互の関係がつかめる。
	・キーワードを抜き出すことができる。
	・段落ごとに主要な部分をマークすることができる。
	・接続語に着目して構成図が作れる。
	・時間の経過や場面に着目した構成図が作れる。
	・題名やキーワードからの主題を考えることができる。
ものの見方や考え方	・既有の知識や経験、情報と照合しながら読むことができる。
	・書き手の考えと自分の考えの共通点・相違点が見つけられる。
	・主題について深く考えることができる。
	・批判的な読みができる。
情報の活用	・読んだことから課題を発見できる。
	・目的にあわせて文献や資料、メディアなどを選ぶことができる。
	・表題や目次を活用することができる。
	・資料（グラフ・絵・写真など）を活用しながら読むことができる。
	・複数の情報を比較しながら読むことができる。
	・必要な情報を取捨選択することができる。
	・読んで得た情報を整理分類することができる。
	・読んで得た情報を目的に合わせて再構成することができる。
	・読んで得た情報を発信することができる。

出典：文部科学省 2007、29-32頁。

参考・引用文献

JSLカリキュラム研究会・今澤悌・池上摩希子・齋藤ひろみ『小学校「JSL国語科」の授業作り』スリーエーネットワーク、2005年。

松尾知明『新版　教育課程・方法論 ―― コンピテンシーを育てる学びのデザイン』学文社、2018年。

文部科学省「学校教育におけるJSLカリキュラムの開発について（最終報告）小学校編」平成15（2003）年7月、https://www.mext.go.jp/a_menu/shotou/clarinet/003/001/008.htm（2020年9月10日確認）。

文部科学省「学校教育におけるJSLカリキュラム（中学校編）」平成19（2007）年3月、https://www.mext.go.jp/a_menu/　shotou/clarinet/003/001/011.htm（2020年9月10日確認）。

文部科学省「【国語編】小学校学習指導要領（平成29年告示）解説」https://www.mext.go.jp/a_menu/shotou/new-cs/1387014.htm（2020年12月8日確認）。

文部科学省「【国語編】中学校学習指導要領（平成29年告示）解説」https://www.mext.go.jp/a_menu/shotou/new-cs/1387016.htm（2020年12月8日確認）。

第11章

社会科の授業づくり
——日本の社会との違いへの対応

《ポイント》

　社会科の授業づくりは、日本社会の知識をもつことを前提とした語彙や概念、表現を原因とする外国人児童生徒のつまずきに対応して、学習言語と学習方略の支援を工夫することが求められる。

《キーワード》

　社会科、日本社会の知識、授業づくり、学習言語、学習方略

　外国につながる子どもは、社会科の授業において何につまずいているのだろうか。また第二言語を学習する児童生徒が在籍する多文化クラスにおいて、社会科の授業をどのようにつくっていけばよいのだろうか。そして授業の準備をいかに行い、何に留意して授業実践を進めていけばよいのだろうか。

　本章では、外国につながる児童生徒のニーズに応えて、言語や方略の支援をどのようにデザインし、社会科の授業づくりをいかに進めていけばよいのかについて検討したい。

1. 外国につながる子どもと社会科

（1）社会科の授業づくりに向けて

　社会科の授業づくりを検討していく際に、2つの点をおさえておきたい。1つは、社会科とはどのような教科なのかという点である。もう1つは、外国につながる子どもは、どのようなことが原因で社会科の授業でつまずくのかという点である。

演習1　社会科と外国につながる子どものつまずき

　社会科の授業づくりをめぐって、次の問いについて検討してみましょう。
1. 社会科では、どのような学習活動を通して、いかなる資質・能力を育成することがめざされているのでしょうか。「小学校学習指導要領」「【社会編】小学校学習指導要領解説」「中学校学習指導要領」「【社会編】中学校学習指導要領解説」などを手がかりに簡潔にまとめてみましょう。
2. 外国につながる子どもは、社会科という教科において、どのような学習上のつまずきを経験しているのでしょうか、思いつくものを箇条書きにしてみましょう。

（2）社会科とは

　社会科は、社会的事象を検討して、公民としての資質・能力の育成をめざす教科である。社会科は、社会的な見方・考え方を働かせ、課題を追究したり解決したりする活動を通して、グローバル化する国際社会で主体的に生きる平和で民主的な国家及び社会の形成者に必要な公民として表11-1のような資質・能力の基礎を育成することを目標としている。

　社会科の内容構成について、小学校は地理的環境と人々の生活、歴史と人々の生活、現代社会の仕組みや働きと人々の生活から構成されている。中学校は、地理的分野、歴史的分野、公民的分野から成っている。小学校では社会的事象の見方・考え方、中学校では地理分野の地理的な見方・考え方、歴史分野の歴史的な見方・考え方、公民分野の現代社会の見方・考え方を働かすことを通して、空間認識（地理）、時間認識（歴史）、現状認識（公民）を育むことをめざしている。

表11-1 社会科の目標

	知識・技能	思考力・判断力・表現力	学びに向かう力・人間性
小学校社会	地域や我が国の国土の地理的環境、現代社会の仕組みや働き、地域や我が国の歴史や伝統と文化を通して社会生活について理解するとともに、様々な資料や調査活動を通して情報を適切に調べまとめる技能を身に付けるようにする。	社会的事象の特色や相互の関連、意味を多角的に考えたり、社会に見られる課題を把握して、その解決に向けて社会への関わり方を選択・判断したりする力、考えたことや選択・判断したことを適切に表現する力を養う。	社会的事象について、よりよい社会を考え主体的に問題解決しようとする態度を養うとともに、多角的な思考や理解を通して、地域社会に対する誇りと愛情、地域社会の一員としての自覚、我が国の国土と歴史に対する愛情、我が国の将来を担う国民としての自覚、世界の国々の人々と共に生きていくことの大切さについての自覚などを養う。
中学校社会	我が国の国土と歴史、現代の政治、経済、国際関係等に関して理解するとともに、調査や諸資料から様々な情報を効果的に調べまとめる技能を身に付けるようにする。	社会的事象の意味や意義、特色や相互の関連を多面的・多角的に考察したり、社会に見られる課題の解決に向けて選択・判断したりする力、思考・判断したことを説明したり、それらを基に議論したりする力を養う。	社会的事象について、よりよい社会の実現を視野に課題を主体的に解決しようとする態度を養うとともに、多面的・多角的な考察や深い理解を通して涵養される我が国の国土や歴史に対する愛情、国民主権を担う公民として、自国を愛し、その平和と繁栄を図ることや、他国や他国の文化を尊重することの大切さについての自覚などを深める。

出典：「小学校学習指導要領（平成29年告示）」46頁、「中学校学習指導要領（平成29年告示）」41頁。

　社会科の授業づくりにあたっては、「問題をつかむ→調べる→まとめる」といった問題解決型の展開が一つの典型的な形となっている。社会科は、社会的な見方・考え方を働かせて、問題解決的な活動をデザインして、公民としての資質・能力を育成させることが中心的な課題になっているといえる。

問題解決型の授業

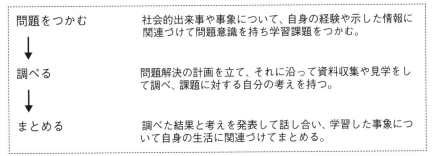

問題をつかむ	社会的出来事や事象について、自身の経験や示した情報に関連づけて問題意識を持ち学習課題をつかむ。
↓	
調べる	問題解決の計画を立て、それに沿って資料収集や見学をして調べ、課題に対する自分の考えを持つ。
↓	
まとめる	調べた結果と考えを発表して話し合い、学習した事象について自身の生活に関連づけてまとめる。

出典：JSLカリキュラム研究会 2005年、14頁。

（3）外国につながる子どもが直面する社会科のつまずき

　外国につながる子どもたちは、社会科を学習する際に、どのような困難に直面しているのだろうか。

① 日本語の知識

　社会科でのつまずきは、日本社会に特有の用語や表現についての知識が不足していることから生じる場合が多い。社会科は、社会について学ぶ教科であるので、日本社会における生活経験が理解の基礎となる。例えば、小学校中学年では、「身近な地域のようす」を学ぶが、身の回りにある「川や道」「目立つ建物」「公共施設」等との日常生活における関わりが前提となっている。また日本の地理、歴史や公民についても、知らず知らずのうちに身に付ける歴史、地理、公民の語彙や概念など、教科内容を理解するには日本についての常識や文化的な背景が必要となるものも多い。

　また、社会科においてしか使わないような語彙、概念、固有名詞もつまずきの原因となる。例えば経度、緯度、中世、近代、帝国主義、民主主義、国民主権、持続可能な開発のための教育（ESD：Education for Sustainable Development）など、地理、歴史、公民のそれぞれの学問領域に特有の語彙や表現も多い。

② 日本語の運用——抽象的・論理的な思考

　社会科でのつまずきは、日本語の運用が、高度な思考を伴う文脈において抽象的で論理的な言語を操作するということからも生じる。社会科の読みのテキストは、複数の節、複雑な過去形の形式、たくさんの固有名詞が使用されている文章を含んでいる。授業におけるディスコースは主に解説的で、文脈に位置づけられない言葉が、見知らぬ言語とともに使われる。また、概念の理解や価値判断などには、高次の思考が求められることも多い。

③ カリキュラムや学習方法の違い

　国によるカリキュラムや学習方法の違いも、外国につながる子どもにとって、社会科でのつまずきの要因となる。社会科はアメリカでつくられた教科であるが、社会科があるのは日本、アメリカ、カナダ、韓国、タイなどの国に限られている。社会科は、社会の問題を解決しようという指向が強く、地理学や歴史

学などの社会科学のアプローチとは異なることも多い。そのため、社会科のアプローチや学習方法に慣れてない場合もあるだろう。知識を記憶することが重視されていて、問題解決的な活動や小集団による活動などを経験したことがなければ子どもたちは戸惑いを感じると思われる。

　このように、社会科の授業をめぐっては、日本社会についての知識の欠如、抽象的で論理的な言語の運用、カリキュラムや学習方法の違いがある。そのなかで、外国につながる子どもたちが授業を理解し学習に参加して、社会的な見方や考え方を培っていくことは容易なことではないといえる。

2. 授業の計画

　では、どのようなことに留意して、外国につながる子どもに対応した社会科の授業をつくっていけばよいのだろうか。かれらのニーズに応じるような学習指導案を工夫して作成してみよう。

演習2　社会科の学習指導案を書いてみよう

　社会科の単元を1つ選んでください。教科ベースの授業づくりの考え方・進め方（6章）、学習言語（7章）、学習方略（8章）を踏まえて、社会科の学習指導案を書いてみましょう。
　（学習指導案の書き方の詳細については、松尾（2018）を参照）

（1）中学校社会科単元「民主政治と政治参加」
　ここでは、単元「民主政治と政治参加」、指導計画（全4時間）、民主政治のしくみ（1時間）、選挙と政党（2時間）（本時1／2）、政治参加と世論（1時間）を事例として、授業の計画と実施について検討してみたい。
　本単元の指導にあたっては、民主政治についての基礎的な知識を得るとともに、政党のポスターやマニフェストを比較・分析し、模擬投票を行う。これらの活動を通して、主体的に民主社会を築いていこうとする意欲をもった生徒を育てることをめざしている。

(2) 生徒の実態把握

　授業づくりにあたっては、学習内容に関連する生徒の実態を把握することが必要である。生活経験に違いがあり、国によるカリキュラムや学習方法が異なることがあるので、民主主義、日本の政治、選挙などについて、何をどこまで理解できているかを知る必要がある。

　本時の授業についての既習事項は、小学校社会科において、日本国憲法や現代社会の政治についての基本的な事柄を学習していることがある。外国につながる生徒については、日本や出身国での学習歴を捉えるとともに、単元の内容や語彙に関するチェックリストを活用したり、個別に話を聞いたりして、取り扱う概念の理解の状況を捉えることが大切である。また、これまでの指導における日本語能力や学習方略の習熟状況についても把握しておき、学習言語と学習方略についての支援をどのように盛り込むのかに関して構想を練る必要がある。

(3) 学習の課題と学習言語・学習方略の目標

　授業をデザインするにあたっては、学習の目標、学習言語の目標、学習方略の目標の3つを設定したい。本時の授業における学習の目標は、政党のポスターやマニフェストを比較・分析することを通して、日本の代表民主制と政党の関係性について考えることができるということである。

学習の目標	政党のマニフェストを比較・分析することを通して、日本の代表民主制と政党の関係性について考えることができる。
学習言語の目標	選挙、政党、マニフェストなどの言葉の意味を理解するとともに、「〜は〜だけれど、〜は〜です。〜も〜も〜は同じです」など、比較してわかったことを表現することができる（G3 比較して考える3）。
学習方略の目標	比較分析のために、整理技能を活用することができる（2-3-⑤ 図表として構造化する）。

　学習言語と学習方略の目標については、本時の指導内容を分析して、授業で特に焦点をあてたいものに限定して具体的に設定する。学習言語の目標については、言語の知識に関して、選挙、政党、マニフェストなどの意味を理解するとともに、言語の表現に関して、AU（205-208頁）のリストの中から、比較の表現に関わって「G3 比較して考える3」を選択して記述した。学習方略の目標に

ついては、メタ認知方略 (127-128頁)、課題に基づく方略 (128-131頁) の一覧から、整理技能を活用することに関わって、「2-3-⑤図表として構造化する」を選択して記述した。

(4) 学習過程と指導上の留意点
① 授業の構想

　授業づくりにあたっては、できるだけわかりやすい流れにすることが重要である。前述のように、社会科の授業の典型である「問題をつかむ→調べる→まとめる」の形で授業展開の基本パターンをつくり、授業の構成をルーティーン化することが考えられる。本時では、日本の代表民主制と政党の関係を知るために、政党のマニフェストを比較分析して考察し、まとめを行うといった流れになっている。

　また、山場となる活動として、小集団による協調学習を設定する。「学習過程と指導上の留意点」にあるように、政党のポスターやマニフェストを比較分析したものを小集団で話し合ったり、その結果を協働してホワイトボード（小集団ごとに配布）にまとめたりする学習活動を構想する。小集団をつくり、日本人と外国につながる子どもが学び合う機会をつくることに配慮したい。

　中学校社会単元「民主政治と政治参加」、本時「選挙と政党」についての「学習過程と指導上の留意点」は、例えば、以下のようになる。

学習過程と指導上の留意点

	学習活動	指導上の留意点
問題をつかむ	1. 前時の学習（選挙制度）を振り返り、本時のめあてをつかむ。(5分) 2. 選挙戦についての概要を理解する。(10分) (1) 選挙戦についての録画映像をみる。 (2) 資料から、現在の国会における政党勢力を理解する。	・選挙制度について教科書をもとに振り返らせ、選挙、政党、マニフェストなどの言葉について説明し、「政党のマニフェストを分析しよう」という本日のめあてをつかませる(a)。 ・「ニュース録画映像」をみせる(b)。 ・資料「国会政党勢力図」を配付する(c)。

調べる	3. マニフェストや政党ポスターを比較・分析する（15分）。 (1) 4人の生徒から成る小集団をつくる。 (2) 比較・分析する論点をつかむ。 (3) 各政党のマニフェストやポスターを比較・分析する。 (4) ホワイトボードに結果をまとめる。	・司会、記録、発表者を決めさせる。 ・小集団に、政党のポスターやマニフェストを配付する。 ・以下の論点について確認し、マニフェストや政党ポスターの比較・分析の視点を持たせる。 ・政党間で同じ政策があるか。ある場合には、それは何か。 ・政党間で異なる政策があるか。ある場合には、それは何か。 ・政党間で、同じ政策に触れながらも、主張の異なる政策があるか。ある場合には、それは何か。 ・比較する図を用いながら、ワークシートに箇条書きで整理させる (e)。（方略：整理技能の活用） ・ワークシートにまとめたことをもとに、話し合わせる (f)。 ・ホワイトボードを配付し、まとめさせる。
まとめる	4. 話し合ったことを発表し、全体で話し合う。(10分) 5. まとめをする。(10分) ・本日の学んだことを書く。 ・次時の学習では、模擬投票を行うことを知る。	・班ごとに発表をさせ、政党間の政策の異同について話し合わせる。 ・本日の学習で学んだことを5分間で書かせる。 ・次時の学習（模擬投票）に見通しをもたせる。

② 学習言語の支援

　言語の支援（第7章を参照）については、できるだけわかりやすい日本語を使うとともに、外国につながる生徒の日本語能力を踏まえて、授業の計画を立てることが求められる。その際、授業がわかるための理解支援、授業に参加するための表現支援について具体的に考える。

　本時においてはまず、理解支援として、「学習過程と指導上の留意点」に示したように、(a) の「選挙、政党、マニフェストなどの言葉について説明」など、キーとなる語彙を確認し、既習事項を振り返ることを計画している。また、(b) の「「ニュース録画映像」をみせる」、(c) の「資料「国会政党勢力図」を配付する」のように、視覚的に理解できるように、映像資料やわかりやすい図を資料として準備しておく。

　また、表現支援として、学習言語の目標に挙げているように、指導内容との関連で、比較してわかったことを表現することができるように、「〜は〜だけれど、〜は〜です。〜も〜も〜は同じです」などの言い回しに留意して表現させるようにしたい。

③ 学習方略の支援

　学習方略の支援については、指導内容を分析して、学習方略一覧（127-131頁）の中から活用したい方略を選択する。メタ認知方略は、見通しをもたせたり、学習を振り返ったりする機会をつくることで、自分の学びをコントロールできるように支援していくことが重要である。本時の授業でも授業の冒頭で見通しをもたせ、授業の最後で学習の振り返りを書かせることを計画している。

　また、課題に基づく方略については、第8章で取り上げた学習方略のなかから、授業場面で活用できると思われる方略を盛り込むようにする。本授業では、学習方略の目標に挙げているように、比較分析のために図表として構造化することができるように、(e) の「比較する図を用いながら、ワークシートに箇条書きで整理させる」といった整理技能の活用の場面を設定している。

　学習方略については、学び方を学ぶという視点に立って、授業のなかで意識化させながら計画的に指導していくことが効果的である。

3. 授業の準備と実施

　では、学習指導案をもとに、どのように授業を準備し、実践をしていけばよいのだろうか。

演習3　社会科の授業実践

　演習2で作成した学習指導案をもとに、社会科の授業を実際に実践することをイメージしてみましょう。教科ベースの授業づくりの考え方・進め方（6章）、学習言語（7章）、学習方略（8章）を踏まえて、授業の準備と実施の点から、どのようなことに留意して実践するのかを考えてみたいと思います。
　ここでは、①授業の準備については、どのような教材を準備するのか、②授業の実施については、日本語の支援、学習方略の支援をいかに進めるのかについてそれぞれ、思いつくものを箇条書きにしてみましょう。

（1）授業の準備

① 教材の準備

　授業をするためには、教材の準備をすることが求められる。外国につながる児童生徒の教科内容についての理解や日本語の能力などの実態に基づいて、教材を工夫する必要がある。本授業の準備としては、教科書、政党ポスター、マニフェストやワークシートなどについて、漢字に振り仮名をつけておくことが考えられる。準備にあたっては、日本人の生徒の協力を得ることも考えられる。また、選挙、政党、マニフェストなどの重要な用語については、母語の訳語を調べておいたりすることなども理解の助けとなる。

② ワークシートの作成

　ワークシートの作成においては、授業の流れがわかりやすい構成、絵や写真などの利用、穴埋め式や選択肢の問題の挿入、表現のパターン、モデルの提示などが考えられる。本授業では、その展開に従って、学習のめあて、政党のポスターやマニフェストを比較する表、まとめの欄を設けたワークシートを作成する。

③ その他

　授業の準備にあたっては、外国につながる子どもの必要に応じて、発問、指示、説明、板書、ノート、机間指導、指名、活動などを工夫して計画しておく。

（2）授業を進めるポイント

　教材の準備等ができると次に、実際に授業する段階になる。多文化クラスでの授業を進めるポイントには、本事例では以下のものがある。

① 日本語の支援

　ア．理解の支援

　1）やさしい日本語の使用：授業では、やさしい日本語を使うことが重要である。一文は短くし、ゆっくりはっきりと話すとともに、できるだけ平易な言葉や表現に心がける。本事例では、選挙、政党などの概念を丁寧に説明するとともに、選挙制度の概要について要点を絞った明快な解説

をするように留意する。

2) 映像や図などの活用：授業では絵や図、カードなどを活用し、視覚的に
わかるようにすると効果的である。本授業では、視覚的にわかりやすく
提示する工夫として、ニュースを録画した映像資料や政党勢力を整理し
て表現した図を準備しておく。

3) 板書の工夫：板書を工夫することも重要である。板書をするにあたっては、
授業の流れがわかりやすいように書くことが大切である。本時では、党
のマニフェストの比較がわかりやすいように、主張や政策が同じなのか
違うのかを図に整理してまとめるようにする。

4) 机間指導：生徒の表情や反応を見て、ワークシートなどで理解の状況を
確認しながら進めるようにする。

イ．表現の工夫

1) モデルや言い回しの提示：表現しやすくするために、モデルや言い回し
の型を示し、練習させることが挙げられる。例えば、本授業では、比較
してわかったことを話す表現「〜は〜だけれど、〜は〜です。〜も〜も〜
は同じです」(G3) などのカードを準備しておき、ワークシートの記述や
小集団での話し合いにおいて、基本的な表現を練習するように促す。

〈基本形〉
　〜は〜だけれど、〜は〜です。
　〜も〜も〜は同じです。
〈バリエーション〉
　〜と〜が同じでした。〜と〜が違いました。
　〜は〜です。〜も〜です。〜は〜です。でも、〜は〜です。

2) ペアや小集団での活動：学習過程において、ペアや小集団をつくり、日
本人と外国につながる子どもが学び合う機会をつくることが大切である。
本時では、政党間の政策の異同について話し合う活動を設定して、政策
や選挙をめぐる社会科の語彙や言い回しを使い、日本語で表現する練習
の機会をつくるようにする。

② 学習方略の支援

　学習方略の支援には、メタ認知方略と課題に基づく方略がある。本授業では、授業のはじめでは見通しをもたせ、授業の最後では学習で学んだことを書くことにより、振り返らせることで自らの学び方を内省させ、メタ認知を促していく。

　課題に基づく方略については、本授業では整理技能の活用の方略を取り上げている。指導にあたっては、政党のポスターやマニフェストを比較分析するという思考を促す学習方略であることを意識化させながら進めることが重要である。

まとめ

　本章では、外国につながる児童生徒のニーズに応えて、言語や方略の支援をし、社会科の授業づくりをいかに進めていけばよいのかについて検討してきた。本章の議論をまとめると、以下のようになる。

- 社会科は、日本での生活やある程度の日本社会の知識を前提にしているため、外国につながる子どもは、なじみのない日本特有の語彙や表現が求められるという問題に直面する。
- 授業の計画では、子どもの実態を捉え、わかりやすい授業づくりに心がけ、学習言語と学習方略の支援をデザインする。
- 授業の実践では、教材の準備をし、学習言語（理解と表現）や学習方略（メタ認知方略と課題に基づく方略）の指導のポイントをおさえながら進めていく。

　社会科は、社会についての学習であるので日本での生活経験が理解の前提となっている事実を踏まえ、外国につながる子どものニーズに応える授業づくりをしていくことが必要である。

資料(3) 教師・指導者の支援

　小学校JSLカリキュラムの社会では、教師・指導者の支援に関して、以下のように整理している。

　教師・指導者には、子どもたちが知的に興味・関心を持ち、参加しているという実感が持て、安心して授業に参加できるように支援をすることが求められる。そのためには、授業構造や内容構成の工夫の他に、子どもたちに合った教材・教具の開発や利用の工夫が必要である。また事前の準備以外にも、授業中に意図的に、或いは子どもたちの反応に即応して、日本語の不十分さを補うために教師・指導者自身が使用する言語を選択したり、理解や表現(話す、書く)を促したりする支援が必要である。

　まず、教材・教具開発及び授業中の支援を行う上での原則を3点挙げる。
・自分の体験と関連づけられるように、学習内容を生活実態に合わせて示す。
・問題解決的な展開が意識できるように、活動の転換を明示的に行う。
・内容理解を促すために、具体物や体験的活動に支えられた学びの場をつくる。

(1)教材、教具の準備
　　教材・教具作成上(選択、利用方法を含めて)の工夫のポイントを示す。

　　○両タイプのアプローチに共通
　　●流れを重視するアプローチで必要な工夫(タイプ1の授業)
　　▲スキル運用を重視するアプローチで必要な工夫(タイプ2の授業)

○子どもたちに馴染みのある教材を使用
　(子どもたちが日々目にしている実物、資料、母国の情報)。
○各活動のキーワードを準備する(カード、板書)。
○各段階の作業用シートを準備する
　(個別に配付するものと、全体で見られる拡大したもの)。
○視覚的教材を多く用いる。
○作業・操作をしながら学べる教材を準備。

●各活動で、活動参加を推進するための教具を準備する

（活動目的を明示するカード、活動の流れ図）。

●子どもたち自身の作品や他の授業の成果物を教材として使用する。

▲繰り返し練習ができるシート

例えば、統計表を読み取って質問に答えるというパターンの練習問題。

▲成果をチェック、復習するシート

例えば、絵地図から記号化された名称・意味を問う問題

（スキル運用力を強化するために繰り返し練習したり、成果を確認したりする必要があれば、

▲で示したようなシートも有効であると考える。ただし、日本語の不十分さが障害にならな

いよう工夫が必要である）。

(2) 授業中の支援

教師・指導者の授業中の支援のポイントを示す。

○日本での生活体験の不足、文化的・社会的背景についての知識不足に配慮して、

問いかけたり、情報を提示したりする。

○▲意味と言語形式を統合させるために、活動への参加を通して獲得した知識や

概念に、適切なタイミングで日本語を示す。

○▲作業活動の途中でも、日本語でやりとりをし、社会科的な活動とそれを支え

る日本語とを結びつけさせる。

○体験的活動をできるだけ多く経験させる。

触れてみる、聞いてみる、使ってみる、やってみる、訪れてみる…

言語のみでは認識しにくい自身との関連性を、体験を通してつかませる。

○表現する意欲を重視し、日本語以外の表現手段による表現を奨励する。

自分なりの方法で表現させる→他の表現方法を示す（ヒント）→自分で考えた表現

方法で表してみる。

○●授業パターンの認識を促し、社会科の学習活動への参加を容易にするために

活動の転換をはっきりと示し、授業にメリハリをつける。

○●学習状況を見て、必要に応じて学習形態を変更する

（一斉、グループ、ペア、個別）。

○●活動に相応しい場所を選び、学習の場所にも変化を持たせる

（教室、図書室、コンピュータ室、公共施設、学習対象の場所、対象の人が集まる場）。

スキル運用を重視するアプローチでは、地図やグラフ作成などの作業が多くなると考えられる。そこで、▲印で示したように、作業途中でも日本語でのやりとりをして、活動の中身と日本語とを結びつけてとらえられるように支援することや、対象児童にとって重要な社会科特有の用語を精選して提示するといった配慮が肝要である。

出典：文部科学省 2003、132-133頁。

参考・引用文献

JSL カリキュラム研究会・齋藤ひろみ『小学校「JSL 社会科」の授業作り』スリーエーネットワーク、2005年。

松尾知明『新版　教育課程・方法論―― コンピテンシーを育てる学びのデザイン』学文社、2018年。

文部科学省「学校教育における JSL カリキュラムの開発について（最終報告）小学校編」平成15 （2003）年7月、https://www.mext.go.jp/a_menu/shotou/clarinet/003/001/008.htm（2020年9月10日確認）。

文部科学省「学校教育における JSL カリキュラム（中学校編）」平成19 （2007）年3月、https://www.mext.go.jp/a_menu/shotou/clarinet/003/001/011.htm（2020年9月10日確認）。

文部科学省「小学校学習指導要領（平成29年告示）」https://www.mext.go.jp/a_menu/shotou/new-cs/1384661.htm　（2020年12月8日確認）。

文部科学省「中学校学習指導要領（平成29年告示）」https://www.mext.go.jp/a_menu/shotou/new-cs/1384661.htm　（2020年12月8日確認）。

文部科学省「【社会編】小学校学習指導要領（平成29年告示）解説」https://www.mext.go.jp/a_menu/shotou/new-cs/1387014.htm（2020年12月8日確認）。

文部科学省「【社会編】中学校学習指導要領（平成29年告示）解説」https://www.mext.go.jp/a_menu/shotou/new-cs/1387016.htm（2020年12月8日確認）。

第12章

理科の授業づくり

——科学の用語と自然の違いへの対応

《ポイント》

　理科の授業づくりでは、科学の専門用語や日本を前提とした自然環境などを原因とする外国人児童生徒のつまずきに対応して、学習言語と学習方略の支援を工夫することが求められる。

《キーワード》

　理科、科学の専門用語、授業づくり、学習言語、学習方略

　外国につながる子どもは、理科の授業において何につまずいているのだろうか。また第二言語を学習する児童生徒が在籍する多文化クラスにおいて、理科の授業をどのようにつくっていけばよいのだろうか。そして授業の準備をいかに行い、何に留意して授業実践を進めていけばよいのだろうか。

　本章では、外国につながる児童生徒のニーズに応えて、言語や方略の支援をどのようにデザインし、理科の授業づくりをいかに進めていけばよいのかについて検討したい。

1. 外国につながる子どもと理科

(1) 理科の授業づくりに向けて

　理科の授業づくりを検討していく際に、2つの点をおさえておきたい。1つは、理科とはどのような教科なのかという点である。もう1つは、外国につながる子どもは、どのような原因で理科の授業でつまずくのかという点である。

演習1　理科と外国につながる子どものつまずき

> 　理科の授業づくりをめぐって、次の問いについて検討してみましょう。
> 1. 理科では、どのような学習活動を通して、どんな資質・能力を育成することがめざされているのでしょうか。「小学校学習指導要領」「【理科編】小学校学習指導要領解説」「中学校学習指導要領」「【理科編】中学校学習指導要領解説」などを手がかりに簡潔にまとめてみましょう。
> 2. 外国につながる子どもは、理科という教科において、どのような学習上のつまずきを経験しているのでしょうか。思いつくものを箇条書きにしてみましょう。

(2) 理科とは

　理科は、自然の事物・現象を対象とする教科である。小学校理科では、自然に親しみ、中学校理科では、自然の事物・現象に関わり、理科の見方・考え方を働かせ、見通しをもって観察、実験を行うことなどを通して、自然の事物・現象を科学的に探究するために必要な表12-1のような資質・能力を育成することを目標としている。

　小学校理科の内容は、「A：物質・エネルギー」と「B：生命・地球」から構成されている。中学校理科の内容は、「エネルギー」「粒子」などを柱とする第1分野（物理的領域及び化学的領域）、「生命」「地球」などを柱とする第2分野（生物的領域及び地学的領域）から構成されている。

　理科の授業づくりでは、設定された問いに対して予想や仮説を立て、観察、実験、調査を実施して、データをもとに問題解決を図るといった科学的なプロセスが重視される。そのため理科の授業づくりにあたっては、問題→予想→観察・実験・調査→考察→発表→まとめのような学習活動の展開になることが多い。

表12-1　理科の目標

	知識・技能	思考力・判断力・表現力	学びに向かう力・人間性
小学校理科	自然の事物・現象についての理解を図り、観察、実験などに関する基本的な技能を身に付けるようにする。	観察、実験などを行い、問題解決の力を養う。	自然を愛する心情や主体的に問題解決しようとする態度を養う。
中学校理科	自然の事物・現象についての理解を深め、科学的に探究するために必要な観察、実験などに関する基本的な技能を身に付けるようにする。	観察、実験などを行い、科学的に探究する力を養う。	自然の事物・現象に進んで関わり、科学的に探究しようとする態度を養う。

出典：「小学校学習指導要領（平成29年告示）」94頁、「中学校学習指導要領（平成29年告示）」78頁。

学習活動の局面

実験
問題　→　予想　→　観察　→　考察　→　発表　→　まとめ
調査

出典：文部科学省 2003、266頁の図をもとに作成。

(3) 外国につながる生徒が直面する理科のつまずき

　では、理科を学習する際に、日本語を母語としない学習者は、どのような困難に直面しているのだろうか。

① 日本語の知識

　理科の授業は、観察や実験といった実際に活動する学習が多いため、外国につながる子どもが授業に参加することは比較的うまくいく場合も多い。しかし、学習に参加できても、そこでの言語活動は高次の思考を伴うもので、理科の授業内容を理解したり科学的な見方や考え方を培ったりすることはそれほど容易ではない。

　理科でのつまずきは、科学の専門用語や語彙の理解が不足していることから生じる。理科の授業では例えば、原子・分子、化学式、エネルギー、物質、光合成、天体など、日常生活では使うことの少ない科学的な概念を理解したり、専門用語を使って論理的に表現したりする必要がある。

また、文化の違いによって、自然の事物や現象が異なることも困難さを伴う。例えば、台風、梅雨、四季の有無などの気候の違い、地形や自然環境の違い、北半球と南半球の違いなどにより、日本の自然やそれに伴う生活経験が異なる場合には、理科の内容理解を難しくする。

　さらに、理科において使用される特有の表現もつまずきの要因となる。例えば、問題→予想→観察・実験・調査→考察→発表→まとめのような学習の展開において、科学の段階に応じた適切な表現をすることが求められる。

② 日本語の運用——抽象的・論理的な思考

　理科でのつまずきはまた、日本語の運用が、高度な思考を伴う文脈において抽象的で論理的な言語を操作するということから生じる。科学的なプロセスのなかで、科学の概念と結びつけながら、観察や実験によって得られたデータに基づき、論理的で抽象的な思考が求められる。また、客観性や正確さのために、言葉の定義や厳密な議論が求められ、複雑な文法構造を伴う高度な日本語を用いて、論理的で明快な表現をする必要がある。

③ カリキュラムや学習方法の違い

　国によるカリキュラムや学習方法の違いも、理科でのつまずきの要因となる。カリキュラムについては、出身地域と内容や順序が同じであるか、気候や地理的な位置による自然の事物や事象の違いはないのかなどに留意する必要がある。また、授業の進め方についても、地域によっては教科書の内容の記憶を重視しているところもあり、観察や実験、小集団活動などの経験がないといった学習方法の違いがつまずきの原因になることもある。

　このように、理科の授業をめぐっては、科学的な専門用語やプロセス、日本の自然環境の前提など、外国につながる子どもが直面する高度な語彙や表現、背景にもつ自然環境の違いという問題に対応することが求められる。

2. 授業の計画

　では、どのようなことに留意して、外国につながる子どもに対応した理科の授業をつくっていけばよいのだろうか。かれらのニーズに応じるような学習指導案を工夫して作成してみよう。

演習2　理科の学習指導案を書いてみよう

　理科の単元を1つ選んでください。教科ベースの授業づくりの考え方・進め方（6章）、学習言語（7章）、学習方略（8章）を踏まえて、理科の学習指導案を書いてみましょう。

（学習指導案の書き方の詳細については、松尾（2018）を参照）

---

(1) 小学校4学年理科「月と星」

　ここでは、小学校4学年理科単元「月と星」を事例として、理科の授業づくりについて検討したい。本単元の目標は、月と星の動きを観察してその特徴を捉える活動を通して、位置の変化と時間との関連や規則性について気づき、興味・関心をもって天体について進んで追究する態度を育てることである。

　本単元の指導にあたっては、普段見ている月や星に対する子どもの既有経験や太陽の動きについての既習の知識を生かしたい。また、月や星についての定点観察の方法を身に付け、目的意識をもって主体的に観察を行い、月や星の動きと人とを関係づける見方や考え方をもつことができるようにしたい。

(2) 児童の実態把握

　授業づくりにあたっては、学習内容に関連する児童の実態を把握することが必要である。生活経験が違い、国によってカリキュラムや学習方法が異なることがあるので、単元の内容について何がどこまで理解できているかを知る必要がある。

　本時の授業についての既習事項は、「太陽と地面の様子」で太陽の動きを学習している。天体についての日本や出身国での学習歴を把握するとともに、簡単なテストをするなどして、既有経験や取り扱う概念、知識の理解の状況を捉

える必要がある。また、日本語能力や学習方略の習熟についても把握しておき、言語と学習方略についての支援をどのように盛り込むのかに関して構想を練る必要がある。

（3）学習の目標と学習言語・学習方略の目標

　授業をデザインするにあたっては、学習の目標、学習言語の目標、学習方略の目標の３つを設定したい。本授業における学習の目標は、「三日月の動きについての予想と観察した結果と比較して、月の位置と時間の経過を関連付けて発表することができる」とする。

　学習言語と学習方略の目標については、本時の指導内容を分析して、授業でとくに焦点をあてたいものに限定して具体的に設定する。学習言語の目標については、言語の知識に関して、観察、天体、三日月、方位などの意味を理解するとともに、言語の表現に関して、AU（205-208頁）のリストの中から、観察の表現に関わって「C3 観察する3」を選択して記述した。学習方略の目標については、メタ認知方略（127-128頁）、課題に基づく方略（128-131頁）の一覧から、観察結果を協力してホワイトボード（小集団ごとに配布）にまとめることに関わって、「2-4-②協力する」を選択して記述した。

学習の目標	三日月の動きについての予想と観察した結果を比較して、月の位置と時間の経過を関連付けて発表することができる。
学習言語の目標	観察、天体、三日月、方位などの言葉を理解するとともに、「〜は（動きの様子）しています」など、観察の結果を表現することができる（C3 観察する3）。
学習方略の目標	協力して観察結果をホワイトボードにまとめることができる（2-4-② 協力する）。

（4）学習過程と指導上の留意点

① 授業の構想

　授業づくりにあたっては、できるだけわかりやすい流れにすることが重要である。例えば、「問題→予想→観察・実験・調査→考察→発表→まとめ」のように、授業展開の基本パターンをつくることが考えられる。本単元についても、科学的な問題解決の展開となっている。

　また、山場となる学習活動としては、「学習過程と指導上の留意点」の（c）

の「話し合いながら……意見をまとめさせる」のように、小集団をつくり、記録をもとに月の動きを協力して考察させたい。小集団において、日本人と外国につながる子どもの話し合いが進み、学び合いが深まるように配慮する。

　小学校4学年理科単元「月と星」についての「学習過程と指導上の留意点」は、例えば、以下のようになる。

学習過程と指導上の留意点

	学習活動	指導上の留意点
問題	1. 前時までの学習を振り返り、本時のめあてをつかむ。	・観察、天体、三日月、方位などのキーワードを説明する(a)。 ・前時に昼間に三日月を観察したことを振り返らせ、「月はどのように動いているのか」という本日のめあてをつかませる。
予想	2. 月の動きについて予想する。 (1) 予想を書き、話し合う。 (2) 調べ方のポイントを箇条書きにまとめる。	・太陽の動きなど既習経験をもとに予想させ、話し合わせる。 ・観察の仕方について、地上の目印、方位、記録などのポイントをおさえる。
観察	3. 月の動きを観察する。	・①方位を書く、②目印をスケッチする、③月の位置を書く、の手順に従い、記録をとらせる。 ・家庭での観察となるので、夜間の観察についての留意事項を指導するとともに、保護者に協力を依頼する。
考察・発表	4. 月の動きについて考察する。 (1) 記録をもとに月の動きを文でまとめる。 (2) 小集団になり、持ち寄った記録を発表し合う。 (3) ホワイトボードに小集団の意見をまとめる。 (4) クラスで話し合う。	・必要に応じて、「朝見える月も三日月も、（　）の方へ動きながら、（　）なっていきます。」の文型カードを活用させる(b)。 ・小集団に分かれ、結果を発表させ、話し合わせる。 ・話し合いながら、ホワイトボードに班の意見をまとめさせる(c)。 ・班ごとに、交流して思ったこと、気づいたこと、考えたことなどを発表させる。 ・三日月の模型を用いながら、視覚的にイメージしやすいようにする(d)。
まとめ	4. 学習のまとめをする。 (1) 本日の学んだことを書く。 (2) 次時の学習では、実際に文章を書くことを知る。	・本日の学習で学んだことを3分間で書かせる。 ・次時の学習に見通しをもたせる。

② 学習言語の支援

　学習言語の支援 (第7章を参照) については、できるだけわかりやすい日本語

を使うことを心がけ、外国につながる児童の日本語能力を踏まえて、授業の計画を立てることが求められる。そのために、授業がわかるための理解支援、授業に参加するための表現支援について具体的に考えたい。

本時においてはまず、理解支援として、「学習過程と指導上の留意点」に示したように、(a) の観察、天体、三日月、方位など、キーとなる語彙を確認する。

また、表現支援として、学習言語の目標に挙げているように、指導内容との関連で、観察の結果を表現することができるように、「〜は（動きの様子）しています」などの言い回しに留意する。(b) の観察結果をまとめるために文型カードを活用したり、(d) 説明のために三日月の模型を準備しておき、視覚的にわかりやすく、表現しやすくなるように工夫したりしている。

③ 学習方略の支援

学習方略の支援については、指導内容を分析して、学習方略一覧（127-131 頁）の中から活用したい方略を選択する。メタ認知方略については、見通しをもたせたり、学習を振り返ったりする機会をつくることで、自分の学びをコントロールできるように支援していくことが重要である。本事例では、問いを立て、予想し、観察を行い、結果を考察して、発表し、まとめるといった科学的なプロセスをとっており、理科の学び方を学ぶものとなっている。

また、課題に基づく方略については、第 8 章で取り上げた学習方略のなかから、授業場面で活用できると思われる方略を盛り込むことにしたい。本事例の場合には、学習方略の目標にあげている通り、(c) の「話し合いながら、ホワイトボードに班の意見をまとめさせる」のように、協力する学習方略を設定している。具体的な状況において協力するという学習方略を使わせるとともに、授業のなかで意識化させるといった手だてをとることが効果的である。

3. 授業の準備と実施

では、学習指導案をもとに、どのように授業を準備し、実践をしていけばよいのだろうか。

演習3　理科の授業実践

演習2で作成した学習指導案をもとに、理科の授業を実際に実践することをイメージしてみましょう。教科ベースの授業づくりの考え方・進め方（6章）、学習言語（7章）、学習方略（8章）を踏まえて、授業の準備と実施の点から、どのようなことに留意して実践するのかを考えてみたいと思います。

ここでは、①授業の準備についてはどのような教材を準備するのか、②授業の実施については日本語の支援、学習方略の支援をいかに進めるのかについて、思いつくものを箇条書きにしてみましょう。

（1）授業の準備

① 教材の準備

授業をするためには、教材の準備が求められる。外国につながる児童の教科内容についての理解や日本語の能力などの実態に対応させて、教材を工夫する必要がある。本授業の準備としては、教科書やワークシートなどについて、日本人の児童などの協力を得て、漢字に振り仮名をつけておいたり、観察、天体、三日月、方位などの重要な専門用語については、母語の訳語を調べておいたりする。

また、この授業では、視覚的にわかりやすく理解したり表現したりするための工夫として、三日月の模型や文型カードを準備する。

② ワークシートの作成

ワークシートの作成においては、授業の流れがわかりやすい構成、絵や写真などの利用、穴埋め式や選択肢の問題の挿入、表現のパターン、モデルの提示などの工夫が考えられる。本授業では、「問題→予想→実験・観察・調査→考察→発表→まとめ」といった科学的な思考のプロセスがわかるようなワークシートを準備する。

③ その他

授業の準備にあたっては、外国につながる子どもの必要に応じて、発問、指示、説明、板書、ノート、机間指導、指名、活動などを工夫して計画しておく。

(2) 授業を進めるポイント

　教材の準備ができると次に、実際に授業する段階になる。多文化クラスでの授業を進めるポイントには、本事例では以下のものがある。

① 日本語の支援

　ア．理解の支援

1) やさしい日本語の使用：授業では、やさしい日本語を使うことが重要である。一文は短くし、ゆっくりはっきりと話すとともに、できるだけ平易な言葉や表現に心がける。本事例では、観察、天体、三日月、方位などカギとなる概念の説明を丁寧にするとともに、調べ方のポイントが簡潔でわかりやすくなるように説明の仕方に留意する。

2) 絵や図、カードなどの活用：授業では絵や図、カードなどを活用し、視覚的にわかるようにすると効果的である。事例では、三日月の模型、文型カードなどの教材を使って、操作したり表現したりしながら進める。

3) 板書の工夫：板書を工夫することも重要である。板書をするにあたっては、授業の流れがわかりやすいように書くことが大切である。本時、板書する際に、科学的なプロセスに従って、問題→予想→実験・観察・調査→考察→発表→まとめの流れが一目でわかるように構成するようにする。

4) 机間指導：児童の表情や反応を見て、ワークシートなどで理解の状況を確認しながら進めるようにする。

　イ．表現の工夫

1) モデルや言い回しの提示：表現しやすくするために、モデルや言い回しの型を示し、練習させることが挙げられる。本授業では、文型カード「朝見える月も三日月も、（　　）の方へ動きながら、（　　）なっていきます」といった観察結果についての表現を提示して、基本的な説明の仕方について練習するようにする。

　朝見える月も三日月も、（　　）の方へ動きながら、（　　）なっていきます。

---

2) ペアや小集団での活動：学習過程において、ペアや小集団をつくり、日本人と外国につながる子どもが学び合う機会をつくることが大切である。教科学習という実際の状況のなかで、理科の語彙や言い回しを使いながら、ペアや小集団での学習活動を行うことで、日本語で表現する練習の機会や学び合いの機会をつくることができるのである。本事例では、観察した結果をもとに考察する小集団の話し合いの場を設定し、観察結果を表現する仕方を示して、自分の実施した観察について発表したり議論し合ったりするように支援している。

② 学習方略の支援

　学習方略の支援には、メタ認知方略と課題に基づく方略がある。本授業では、授業のはじめでは見通しをもたせ、授業の最後では振り返りを行いながら、メタ認知を促していく。

　課題に基づく方略については、本授業では協力してまとめる学習方略を取り上げている。指導にあたっては、三日月の動きをまとめるという課題を解決するという具体的な状況において、協力する学習方略であることを意識化させるように留意する。

まとめ

　本章では、外国につながる児童生徒のニーズに応えて、言語や方略の支援をし、理科の授業づくりをいかに進めていけばよいのかについて検討してきた。議論したことをまとめると、以下の通りである。

- 理科は科学的な専門用語やプロセス、日本の自然環境を前提にしているため、外国につながる子どもは、高度な語彙や表現、自然環境の前提の違いという問題に直面する。
- 授業の計画では、子どもの実態を捉え、わかりやすい授業づくりに心がけ、学習言語と学習方略の支援をデザインする。

・授業の実践では、教材の準備し、学習言語（理解と表現）や学習方略（メタ認知方略と課題に基づく方略）の指導を進めていく。

　理科の授業づくりにあたっては、理科の語彙やディスコース、文化的な差異、科学的なプロセスなどによるつまずきを踏まえ、言語と方略の支援をデザインして、子どもの学習への参加を促していくことが重要である。

資料（4）　授業づくりのツール

　中学校JSLカリキュラムの理科では、理解支援のツール、表現支援のツールとして、支援の項目と具体的方法について以下のように整理している。

　理解支援のツール

	支援項目名	具体的方法
A 授業展開の場面で	A1 典型的展開	毎回、理科特有の展開パターンに沿って授業を進めるようにすることで、授業の流れに乗れるようにする。→3つの型
	A2 情報収集	先行知識・経験などを有しているかどうか。観察・実験・調査などを進めるための日本語が分かっているかどうか。海外での授業の進め方（双方向対話型授業・一方的受信型授業／課題解決型授業・暗記型授業など）と大きく異ならないかなどをチェックする。
	A3 簡潔な導入	本題に関係のない話は避け、なるべく単刀直入に導入する。
	A4 展開の明示	どのような授業展開をしていくのか、今、どの段階の学習をしているのかを、整理・明示しながら授業を進める。→ワークシート
	A5 要点の明示	子どもたちの力に応じた目標を定め、その要点は必ず明示する（強調する・板書する・教科書にアンダーラインを引かせるなど）。
B 説明発問場面で	B1 細分化	日本語力に応じ、複文や重文を単文に分けて話す。先行知識や経験などに応じ、授業の流れを妨げない程度に内容を細かいステップに分けて話す。
	B2 具体化	実物・模型・写真・絵・ビデオ・図・グラフなど、言葉での理解を助けるための教材・教具を使ったり実演したりする。
	B3 付加補足	付け加えて説明することで難しい表現の理解補助にする。
	B4 言い換え	難しい言葉は知っている言葉に言い換える。ただし、1、2度言い換えたあとは難しい言葉だけを使うようにする。
	B5 例示	例を挙げて説明する。
	B6 比喩	身近な事象にたとえたり、擬人化したりして話す。
	B7 対比的説明	事象や特徴などを表に書かせ、対比させながら説明する。
	B8 明瞭な説明	大切な箇所はゆっくり、はっきりと話す。初出語彙と思われる言葉は板書し、文字でも確認させておく。

C 思考させる場面で	C1 役割分担	グループ活動では、その子にできそうな役割を教師・指導者が与えるか、班員に伝えて役割分担をさせる。
	C2 方法習得	観察・実験・調査の結果の記録法（何をどう記録したらよいか）を明瞭に示し、活動の途中でも声をかけて確認する。 ワークシートや友達のものを参考にしながら記録させる。
	C3 思考補助	「だから」「でも」「こうしたらこうなった」「このことからどんなことがいえるか」「したのはからだ」など、因果関係や理由、条件を表す言葉を聞かせながら結果をまとめさせる。
	C4 整理補助	□や→を使い、考えたこと分かったことをワークシートに図解的にまとめさせる。

表現支援のツール

	支援項目名	具体的方法
D 語彙	D1 一般語彙提示	記録や発表に使う一般的な言葉を表などで提示しておく。表を事前に渡し、母語訳をつけさせておく方法もある。子どもたちはその表から言葉を選んで記録していく。
	D2 重要語彙提示	その単元で重要な語彙については、板書し説明するほか、耳に定着させるために、意識的に何度も口にする。
	D3 学習時間確保	漢字表記の重要語彙については、時間内に指導する場を設ける。他の子どもたちには「きれいに書く練習だ」と言って3回清書させたり、「この漢字がつく言葉を10個探しなさい（地面→地しん・地ばん・面積・表面…）」と言って作業を与えたりして、個別指導の時間を確保する。
	D4 許容とフォロー	絵や動作による発表、代名詞（これ・こうする）による発表を許す。ただし、絵や動作、代名詞が表す日本語を後できちんと教えてやる。
E 理科的表現	E1 例文提示	見本となる文を書き写す。先に他の子どもたちに答えさせておき、そのモデルを十分に聞かせてから、書かせたり、言わせたりする。複数の選択肢から自分の意見を選ばせる。空欄補充式で文を完成させるなど、見本となる文が手に入れられる環境をつくる。
	E2 一文習熟	重要な文は、範読→斉読→数人を指名して読ませる→また斉読するといった時間を設け、何度も子どもたちの耳に入れ、重要な文を暗記させる。教科学習途中での「文型指導」は混乱するので避ける。
	E3 見聞先行	表現するには、十分な蓄積が必要。見たり、聞いたりした文を読み、そして書くという経過をたどって、理科的な表現が身に付くようにする。
	E4 場の提供	日本語力に応じた発表をする場を設けてやる。

出典：文部科学省 2003、268-269頁。

参考・引用文献

JSL カリキュラム研究会・大蔵守久『小学校「JSL 理科」の授業作り』スリーエーネットワーク、2005年。

松尾知明『新版　教育課程・方法論——コンピテンシーを育てる学びのデザイン』学文社、2018年。

文部科学省「学校教育における JSL カリキュラムの開発について（最終報告）小学校編」平成 15
　　（2003）年 7 月、https://www.mext.go.jp/a_menu/shotou/clarinet/003/001/008.htm（2020
　　年 9 月 10 日確認）。

文部科学省「学校教育における JSL カリキュラム（中学校編）」平成 19（2007）年 3 月、https://
　　www.mext.go.jp/a_menu/shotou/clarinet/003/001/011.htm（2020 年 9 月 10 日確認）。

文部科学省「小学校学習指導要領（平成 29 年告示）」https://www.mext.go.jp/a_menu/shotou/
　　new-cs/1384661.htm　（2020 年 12 月 8 日確認）。

文部科学省「中学校学習指導要領（平成 29 年告示）」https://www.mext.go.jp/a_menu/shotou/
　　new-cs/1384661.htm　（2020 年 12 月 8 日確認）。

文部科学省「【理科編】小学校学習指導要領（平成 29 年告示）解説」https://www.mext.go.jp/a_
　　menu/shotou/new-cs/1387014.htm（2020 年 12 月 8 日確認）。

文部科学省「【理科編】中学校学習指導要領（平成 29 年告示）解説」https://www.mext.go.jp/a_
　　menu/shotou/new-cs/1387016.htm（2020 年 12 月 8 日確認）。

おわりに

　いま、外国につながる子どもたちの数が増加している。現在は、日本語能力や学力に課題をもつこれらの児童生徒が在籍するクラスの授業を担当することもめずらしいことではなくなった。では、日本語が母語でない外国人児童生徒を今後いかに受け入れ、支援していけばよいのだろうか。とくにこれらの子どもの在籍クラスで授業をつくっていくには、いかなる理念のもとにどのような指導や支援を試みればよいのだろうか。

　こうした課題に応えるために、本書では、外国につながる子どもたちの学習支援をいかにデザインしていけばよいのか、授業づくりの考え方や進め方をどうすればよいのかなどについて検討を進めてきた。これまでの議論を通して、これらの子どもたちのニーズに対応した指導や支援のための基礎知識は得られただろうか。

　本書では、外国につながる子どものいるクラスでの教科をベースとした授業づくりのアプローチを提案した。その基本的な考え方・進め方を振り返ると、授業を構想するにあたってはまず、学習内容をめぐって外国につながる児童生徒の実態を把握する。その上で、単元を分析して、学習の目標、学習言語の目標、学習方略の目標の3つを設定する。そして、それらの目標が達成できるように、日本語の支援（理解と表現）、学習方略（メタ認知方略、課題に基づく方略）の支援などを工夫して、学習活動をデザインするというものであった。

　ここで強調したいのは本書で検討した授業論は、外国につながる子どものみならず、すべての児童生徒にとっても有効なアプローチとなりうるということである。授業において学習言語や学習方略の支援は、もちろん日本語能力が十分でない児童生徒にはなくてはならないものである。しかし、このような学習言語や学習方略への配慮は、すべての子どもにとってわかりやすい授業をつくるためのポイントでもある。授業のなかで使用される学習言語、及び、自律的な学習者を育む学習方略の支援への着目は、すべての子どもの学力形成をめざし、わかる授業への革新を促していく教育改革の一つの方向性を示すものといえる。

　ここで、多文化クラスにおける教科をベースとした授業づくりを、バリアフ

リー化とユニバーサルデザイン化の2つのレベルで考えてみたい。授業実践にあたっては、前者から後者へと展開させていくことが期待されるだろう。

　多文化クラスの授業づくりではまず、学級の中の壁をなくすバリアフリー化を進めていくことが必要であるだろう。日常の学校生活において、日本語を流暢に話していても、授業の内容が理解できていない外国につながる子どもは多い。そこで、授業づくりにあたっては、本書で検討してきたように、言語のニーズに応えて、授業で扱う基本概念を冒頭に説明する、やさしい日本語を使う、絵、図、物などを使い見えるように教える、明快な授業構成にする、ていねいに板書する、自分の学習をコントロールできるように学習方略を教えるなどの手だてを提供して、かれらが直面するバリアを取り除いていくといった工夫をしていくことが考えられる。

　そのためにはまず、多文化クラスにおける授業づくりにあたって、外国につながる子どものつまずきの実態把握とその克服に向けた支援の手だてを明確にしていく作業が必要である。そうすることで、文化的な不連続に起因する障壁を取り除き、支援の手だてを追究する授業のバリアフリー化を進めていくことが期待されるのである。

　多文化クラスの授業づくりではさらに、ユニバーサルデザイン化を進めていくことが求められる。ユニバーサルデザインとは、言語、文化、年齢、障がいなどの差異を問わず、だれもが利用可能になるように工夫するデザインのあり方をいう。このようなデザイン上の配慮は、文化的差異をもつ者にとっては「ないと困る」支援であり、その他の者にとっては「あると役に立つ」手だてとなる。このような視点に立ち、外国人の子どものための授業づくりを、すべての子どもの効果的な授業づくりへと転換させていくのである。

　学習言語のニーズに対応した支援は、外国につながる子どもの多くにとってはなくてはならないものである。一方で、わかりやすく工夫された授業づくりは、つまずきがちな子どもを含めすべての学習者にとって有益なアプローチでもある。また、マジョリティとマイノリティの多様な子どもたちによって構成される多文化クラスでの授業は、異なる文化や言語などを学び合う学習活動を可能にする。ペアや小集団による双方向の学習の機会をつくり、異なる視点や考え方を学び、また、協働して問題解決に取り組む学習を繰り返すことで、学力を保障し、多文化社会を生き抜く力を培っていくことができる。すべての子

どもにとってわかりやすく、異なる文化を学び合うことのできる授業のユニバーサルデザイン化を進めていくことがこれから期待されるのである。

　日本の学校教育は外国につながる子どもたちのニーズに十分に応えきれておらず、学力向上や進路保障の問題はいまだに深刻である。とくに、多文化クラスにおける効果的な授業づくりの課題は重要であるにもかかわらず、あまり手がつけられていない。

　移民時代が到来するなかで、多文化に配慮した授業づくりは、すべての教師に求められる力量の１つになったといえる。外国につながる子どものニーズを把握するとともに、それらをすべての子どもの視点から捉え直すことで、だれにでもわかりやすい授業づくりをめざしていくことが求められる。さらに、日本人と外国人の児童生徒同士の学び合いを組織し、多文化社会を生き抜く力を効果的に育成していくことが期待される。

　さらに言えば、こうした多文化クラスでの学びは教育の革新を導いていく可能性を秘めている。変化の激しい予測の困難な知識基盤社会においては、創造やイノベーションが求められる。新しいものを創造するにあたっては、多様な人々が協働的に問題を解決していくことの重要性が指摘されている。このような視点に立てば、多文化クラスでの授業づくりは、異なる人々との協働について学ぶとともに、創造やイノベーションを生み出すための学びを追究する場を提供するものでもある。

　AIやビッグデータなどの技術革新や社会のグローバル化が急速に進む一方で、気候変動、環境、安全保障、感染症など深刻な課題を抱える今日、解のない課題に立ち向かい、未来に向けて変革を起こすコンピテンシーの育成が必要とされている。このような新しい課題に直面するなかで、移民時代の到来した日本社会に生きる市民を育成していくためにも、すべての子どもの学力向上をめざすとともに、これからの多文化共生社会を協創するコンピテンシーを育む多文化クラスにおける授業づくりの革新が求められているといえるだろう。

本書は、『数学教育』（明治図書）の連載「外国人生徒への学習支援　最新レポート」（2020年4月〜2021年3月）の内容を大幅に修正加筆して、国語、社会、理科の教科を加え、再構成して執筆したものである。『数学教育』は、明治図書出版発行の月刊誌で、中学校における数学科を対象に、タイムリーな教育課題に答える理論的・実践的な問題を特集テーマとしている。内容は、具体的な指導事例を踏まえ、現場に役立つ指導の方法や教材研究などへのヒントとなるものとなっている。本書と連載の対応関係は以下の通りである。

【初出一覧】
はじめに（3-5頁）
「No.01 外国につながる子どもを担任することになったら……」2020年4月号、90-93頁。
1章（12-14、16頁）
「No.02 外国につながる子どもたちと教育の現状」2020年5月号、88-91頁。
2章（25-30頁）
「No.03 文化間移動をする子どもたち —— 第二言語習得の研究から」2020年6月号、90-93頁。
3章（43-45頁）
「No.05 外国につながる子どもの受け入れ」2020年8月号、88-93頁。
4章（56-58、62頁）
「No.04 学習指導要領と外国につながる子どもたち」2020年7月号、88-91頁。
5章（76-78頁）
「No.06 教科ベースの授業づくり(1) —— SIOP プログラム」2020年9月号、90-93頁。
5章（78-82頁）
「No.07 教科ベースの授業づくり(2) —— CALLA プログラム」2020年10月号、88-91頁。
8章（118、123-125頁）
「No.09 数学の授業づくり(2)　支援としての学習方略」2020年12月号、88-91頁。
9章（134-137頁）
「No.08 数学の授業づくり(1)　数学のつまずきと言語の支援」2020年11月号、88-91頁。
9章（137-141頁）
「No.10 数学の授業づくり(3)　授業の計画」2021年1月号、90-93頁。
9章（141-144頁）
「No.11 数学の授業づくり(5)　授業の実施」2021年2月号、90-93頁。
おわりに（196-197頁）
「No.12 おわりに —— バリアフリーからユニバーサルデザインへ」2021年3月号、90-93頁。

巻末資料〈1〉 外国につながる児童生徒の教育関係リソース

　外国につながる児童生徒の教育をさらに深めていくためのリソースについて、その主なものを紹介しておきたい。

〈文部科学省による外国人児童生徒教育関係の資料〉

文部科学省「学校教育における JSL カリキュラムの開発について（最終報告）小学校編」
　　平成 15（2003）年 7 月。

文部科学省「学校教育における JSL カリキュラム（中学校編）」平成 19（2007）年 3 月。

文部科学省「外国人児童生徒のための JSL 対話型アセスメント DLA」平成 26（2014）年
　　1 月。

文部科学省総合教育政策局男女共同参画共生社会学習・安全課編『外国人児童生徒受
　　入れの手引（改訂版）』明石書店、2019 年。

日本語教育学会「外国人児童生徒等教育を担う教師等の養成・研修のための「モデル
　　プログラム」ガイドブック」（外国人児童生徒等教育を担う教師等の養成・研修に資す
　　るモデルプログラム開発事業）2020 年 3 月。

　文部科学省の「かすたねっと」https://casta-net.mext.go.jp/（2020 年 9 月 26 日確認）
には、「外国人児童生徒の受け入れの手引き（改訂版）」「特別の教育課程」「学校教育にお
ける JSL カリキュラムの開発」「外国人児童生徒のための JSL 対話型アセスメント DLA」
「外国人児童生徒のための就学ガイドブック」などにリンクがはってある。その他、「教材
検索」では、地域で作成・公開された多言語対応の教材・資料などが多数収録されている。

〈外国人児童生徒に関する近年の有識者会議等報告書〉

学校における外国人児童生徒等に対する教育支援に関する有識者会議「学校における
　　外国人児童生徒等に対する教育支援の充実方策について（報告）」平成 28（2016）
　　年 6 月。

「外国人の受入れ・共生のための教育推進検討チーム報告——日本人と外国人がと
　　もに生きる社会に向けたアクション」令和元（2019）年 6 月。

外国人児童生徒等の教育の充実に関する有識者会議「外国人児童生徒等の教育の充実
　　について（報告）」令和2（2020）年3月。

〈外国人児童生徒の支援について参考になる単行本〉
臼井智美編『イチからはじめる外国人の子どもの教育』教育開発研究所、2009年。
臼井智美『ことばが通じなくても大丈夫！　学級担任のための外国人児童生徒サポー
　　トマニュアル』明治図書出版、2014年。
齋藤ひろみ編『外国人児童生徒のための支援ガイドブック ── 子どもたちのライフ
　　コースによりそって』凡人社、2011年。
齋藤ひろみ・池上摩希子・近田由紀子編『外国人児童生徒の学びを創る授業実践
　　──「ことばと教科の力」を育む浜松の取り組み』くろしお出版、2015年。
佐藤郡衛・齋藤ひろみ・高木光太郎『小学校JSLカリキュラム「解説」』スリーエー
　　ネットワーク、2005年。
佐藤郡衛『異文化間教育 ── 文化間移動と子どもの教育』明石書店、2010年。
佐藤郡衛『多文化社会に生きる子どもの教育 ── 外国人の子ども、海外で学ぶ子ど
　　もの現状と課題』明石書店、2019年。
JSLカリキュラム研究会・池上摩希子『小学校「JSL算数科」の授業作り』スリーエー
　　ネットワーク、2005年。
JSLカリキュラム研究会・今澤悌・池上摩希子・齋藤ひろみ『小学校「JSL国語科」の
　　授業作り』スリーエーネットワーク、2005年。
JSLカリキュラム研究会・齋藤ひろみ『小学校「JSL社会科」の授業作り』スリーエー
　　ネットワーク、2005年。
JSLカリキュラム研究会・大蔵守久『小学校「JSL理科」の授業作り』スリーエーネッ
　　トワーク、2005年。
Chamot, A. U.（2009）*The CALLA Handbook: Implementing the Cognitive
　　Academic Language Learning Approach*（*2nd ed.*）, Pearson Education.

〈バイリンガリズム〉
カミンズ、ジム（中島和子訳）『言語マイノリティを支える教育』慶應義塾大学出版会、
　　2011年。
カミンズ、ジム・ダネシ、マルセル（中島和子・髙垣俊之訳）『新装版 カナダの継承語

教育 —— 多文化・多言語主義をめざして』明石書店、2020年。

櫻井千穂『外国にルーツをもつ子どものバイリンガル読書力』大阪大学出版会、2018年。

中島和子編著『マルチリンガル教育への招待 —— 言語資源としての外国人・日本人年少者』ひつじ書房、2010年。

中島和子『完全改訂版 バイリンガル教育の方法 —— 12歳までに親と教師ができること』アルク、2016年。

中島和子『言葉と教育 海外で子どもを育てている保護者のみなさまへ』海外子女教育振興財団、2020年。

バトラー後藤裕子『多言語社会の言語文化教育 —— 英語を第二言語とする子どもへのアメリカ人教師たちの取り組み』くろしお出版、2003年。

山本雅代編著『バイリンガリズム入門』大修館書店、2014年。

〈多文化教育〉

グラント、カール・ラドソン＝グラント、ビリング編（中島智子・太田晴雄・倉石一郎監訳）『多文化教育辞典』明石書店、2002年。

多文化共生のための市民性教育研究会編著『多文化共生のためのシティズンシップ教育実践ハンドブック』明石書店、2020年。

ニエト、ソニア（太田晴雄監訳）『アメリカ多文化教育の理論と実践 —— 多様性の肯定へ』明石書店、2009年。

松尾知明『多文化共生のためのテキストブック』明石書店、2011年。

松尾知明編著『多文化教育をデザインする —— 移民時代のモデル構築』勁草書房、2013年。

松尾知明『多文化教育がわかる事典 —— ありのままに生きられる社会をめざして』明石書店、2013年。

松尾知明『多文化教育の国際比較 —— 世界10カ国の教育政策と移民政策』明石書店、2017年。

松尾知明『「移民時代」の多文化共生論 —— 想像力・創造力を育む14のレッスン』明石書店、2020年。

森茂岳雄・川﨑誠司・桐谷正信・青木香代子編著『社会科における多文化教育 —— 多様性・社会正義・公正を学ぶ』明石書店、2019年。

山脇啓造・服部信雄編著『新 多文化共生の学校づくり —— 横浜市の挑戦』明石書店、2019年。

Banks, J.A. & Banks, C.A.M.（eds.）（2004）*Handbook of Research on Multicultural Education,* 2nd ed., Jossey-Bass.

Grant, C.A. & Chapman, T.K.（eds.）（2011）*History of Multicultural Education Volume 1~6,* Routledge.

Ladson-Billings, G. & Gillborn, D.（eds.）（2004）*The RoutledgeFalmer Reader in Multicultural Education*, RoutledgeFalmer.

Mitchell, Bruce M. & Salsbury, Robert E.（1999）*Encyclopedia of Multicultural Education*, Westport, CN : Greenwood Press.

Ramsey, P.G. & Wiiliams, L.R.（2003）*Multicultural Education; A Source Book* （2nded.）, RoutledgeFalmer.

巻末資料〈2〉　JSL カリキュラム日本語表現一覧

　JSL カリキュラムでは、学習活動に日本語で参加するために、授業のつくり方や実践事例を解説するとともに、「トピック型」JSL カリキュラムと「教科志向型」JSL カリキュラムなどが開発されている。トピック型 JSL カリキュラムは、テーマ及びトピックをもとに構成された「活動」とそれに対応した「日本語表現」の AU（Activity Unit: 活動単位）によって構成されている。以下は、トピック型の JSL カリキュラム日本語表現一覧である。A から L までが、「A 知識経験を確認する」（209-210 頁）に示すような形式で、活動と日本語の組み合わせとして整理されている。

体験
A　　知識経験を確認する

1	知識を確認する 1	知識を確認する	1
2	知識を確認する 2	知識の有無を確認する	2
3	知識を確認する 3	経験・体験に基づく知識を確認する	3
4	経験を確認する 1	経験の有無を確認する － 1	4
5	経験を確認する 2	経験の有無を確認する － 2	5
6	経験を確認する 3	共有経験を確認する	6

B　　興味関心を抱く

1	興味を持つ 1	気づきを挙げる	7
2	興味を持つ 2	興味を持ったことを挙げる	8
3	疑問を抱く 1	疑問を挙げる	9
4	疑問を抱く 2	原因・理由を追求する － 1	10
5	疑問を抱く 3	原因・理由を追求する － 2	11

探求
C　　観察

1	観察する 1	観察の指示に応じる	12
2	観察する 2	形状などを観察する	13
3	観察する 3	動きを観察する	14
4	観察する 4	条件に気づく	15

D　操作して調べる

E　情報を利用する

F　分類して考える

発信
K　表現する

L　判断する

A　知識経験を確認する

A‑1　AU：知識を確認する1 「知識を確認する」
よく使う言葉　→　何　思う　言う　いつ　だれ　どこ　どんな　どのくらい

働きかけ・発問の表現		応答の表現
基本形	～は何だと思いますか。	～だと思います。
バリエーション	～は何でしょうか。 ～は何といいますか。 ～は何ですか。 いつ／だれ／どこ／どんな／どのくらい？	～です。 ～といいます。 ～は～です。 （いつ／だれ…）です。

A‑2　AU：知識を確認する2 「知識の有無を確認する」
よく使う言葉　→　について　知っている　わかる

基本形	～について知っていますか。 ／わかりますか。	よく／少し知っています。 ／あまり知りません。
バリエーション	～がわかりますか。 ／～を知っていますか。 ～を知っていますか。	はい、知っています。／いいえ、知りません。 ／はい、わかります。／いいえ、わかりません。 知っています。／知りません。／忘れました。

A‑3　AU：知識を確認する3 「経験・体験に基づく知識を確認する」
よく使う言葉　→～について　この前　勉強　覚える　いつ　だれ　どこ　どんな　どのくらい

基本形	～についてこの前勉強したことを覚えていますか。	はい、覚えています。～ですか。／～だと思います。
バリエーション	～を勉強しましたね。覚えていますか。 ～は何でしたか。 いつ／だれ／どこ／どんな／どのくらい？	はい、覚えています。～です。 ／いいえ、覚えていません。 ～でした。 （いつ／だれ…）です。

A‑4　AU：経験を確認する1 「経験の有無を確認する‑1」
よく使う言葉　→　（動詞た）こと　どこ　前に　いつ

基本形	～したことがありますか。	はい、（いつ／どこで／何回／だれと）したことがあります。
バリエーション	～したことがありますか。 いつ、どこでしましたか。 前に、（場所）で～しましたか。 いつ～をしましたか。どこですか。	はい、あります。 （いつ／どこで）しました。 はい、しました。 （いつ）しました。 （どこで）です。

A - 5　AU：経験を確認する2　「経験の有無を確認する - 2」 よく使う言葉　→　（動詞た）こと　いつ　どこ　だれ		
基本形	Aしたことがありませんか。	はい、しました。／Bならしたけど、Aはしませんでした。
バリエーション	〜でAしませんでしたか。 〜しましたか。 いつ／どこで／だれと〜しましたか。	はい、しました。／しませんでした。でも〜でBしました。 はい、〜しました。／いいえ、〜していません。 〜日に／〜で／〜さんと〜しました。

A - 6　AU：経験を確認する3　「共有経験を確認する」 よく使う言葉　→　覚えている　一緒に　する		
基本形	〜したことを覚えていますよね。	はい、覚えています。〜しました。／忘れました。教えてください。
バリエーション	一緒に〜をしましたね。 覚えていますか。 〜をしましたね。	はい、覚えています。 はい、しました。／わすれました。

なお、BからLの詳細については、文部科学省のHPを参照されたい。
出典：https://www.mext.go.jp/a_menu/shotou/clarinet/003/001/008/004.htm（2020年9月20日確認）。

索　引

や行

ら行

わ行

著者紹介

松尾知明（まつお・ともあき）

法政大学キャリアデザイン学部教授。国立教育政策研究所総括研究官等を経て現職。専門は、多文化教育とカリキュラム。著書に『「移民時代」の多文化共生論』『多文化教育の国際比較』『21世紀型スキルとは何か』『多文化教育がわかる事典』『多文化共生のためのテキストブック』『アメリカ多文化教育の再構築』（以上、明石書店）、『多文化教育をデザインする』（編著・勁草書房）、『アメリカの現代教育改革』（東信堂）、『未来を拓く資質・能力と新しい教育課程』（学事出版）、『新版　教育課程・方法論』（学文社）等多数。

多文化クラスの授業デザイン
外国につながる子どものために

2021年3月20日　初版第1刷発行

著　者　松　尾　知　明
発行者　大　江　道　雅
発行所　株式会社　明石書店
　　　　〒101-0021　東京都千代田区外神田6-9-5
　　　　電　話　03（5818）1171
　　　　ＦＡＸ　03（5818）1174
　　　　振　替　00100-7-24505
　　　　http://www.akashi.co.jp

装　　丁　明石書店デザイン室
印刷・製本　モリモト印刷株式会社

「移民時代」の多文化共生論

想像力・創造力を育む14のレッスン

松尾知明 著

◆四六判／並製／280頁 ◎2200円

入管法改正を契機に実質的な移民政策へと舵をきった日本において、多様性の問題にどのように向き合い、他者と共に生きていけばよいのかを考え、多文化共生の未来を切り拓く想像力・創造力を14の章によって養う、包括的かつ平易なテキストブック。

多文化教育の国際比較
松尾知明著
世界10カ国の教育政策と移民政策
◎2300円

21世紀型スキルとは何か
松尾知明著
コンピテンシーに基づく教育改革の国際比較
◎2800円

多文化共生のためのテキストブック
松尾知明著
◎2400円

多文化教育がわかる事典
松尾知明著
ありのままに生きられる社会をめざして
◎2800円

社会科における多文化教育
森茂岳雄、川崎誠司、桐谷正信、青木香代子編著
多様性・社会正義・公正を学ぶ
◎2700円

文化接触における場としてのダイナミズム
異文化間教育学大系2
異文化間教育学会企画
加賀美常美代、徳井厚子、松尾知明編
◎3000円

多民族化社会・日本
渡戸一郎・井沢泰樹編著
〈多文化共生〉の社会的リアリティを問い直す
◎2500円

国際理解教育ハンドブック
日本国際理解教育学会編著
グローバル・シティズンシップを育む
◎2600円

〈価格は本体価格です〉